RECETTES
sans cholestérol

Données de catalogage avant publication (Canada)

Sanchagrin, Julien-Robert
    Recettes sans cholestérol
    (Collection Alimentation)
    ISBN 2-7640-0804-X
    1. Régimes pauvres en cholestérol – Recettes. 2. Appareil cardiovasculaire – Maladies – Diétothérapie – Recettes. 3. Cuisine santé. I. Titre. II. Collection.

RM237.75.S26 2004   641.5'638   C2003-941859-6

LES ÉDITIONS QUEBECOR
7, chemin Bates
Outremont (Québec)
H2V 4V7
Tél. : (514) 270-1746

©2004, Les Éditions Quebecor
Bibliothèque nationale du Québec
Bibliothèque nationale du Canada

Éditeur : Jacques Simard
Coordonnatrice de la production : Dianne Rioux
Conception de la couverture : Bernard Langlois
Illustration de la couverture : Michael Mahovlich/Masterfile
Révision : Sylvie Massariol
Correction d'épreuves : Jocelyne Cormier
Maquette intérieure et infographie : Claude Bergeron

Nous reconnaissons l'aide financière du gouvernement du Canada par l'entremise du Programme d'Aide au Développement de l'Industrie de l'Édition pour nos activités d'édition.

Gouvernement du Québec — Programme de crédit d'impôt pour l'édition de livres — Gestion SODEC.

Imprimé au Canada

JULIEN-ROBERT SANSCHAGRIN

RECETTES
sans cholestérol

LES ÉDITIONS
Quebecor
QUEBECOR MEDIA

Introduction

Nous savons désormais que nous avons tout intérêt, pour éviter les maladies cardiovasculaires, à diminuer notre taux de cholestérol total et de cholestérol LDL (le « mauvais cholestérol »), alors que le taux de cholestérol HDL (le « bon cholestérol ») devrait plutôt chercher à être accru. Mais comment peut-on arriver à faire varier ces taux de manière substantielle ? Tous les spécialistes de la question s'entendent pour clamer haut et fort l'importance de l'alimentation à ce chapitre. Les modifications alimentaires constituent donc la porte d'entrée principale de quiconque cherche à contrôler son cholestérol. En premier lieu, ce qu'il faut rechercher, c'est évidemment une saine alimentation. Cette dernière passe par la consommation d'aliments très variés, mais elle doit aussi être réduite en gras, qu'il s'agisse de gras saturés ou de cholestérol. Par contre, l'augmentation de gras polyinsaturés ferait chuter le taux de cholestérol total, mais cela réduirait aussi le HDL. C'est pourquoi il est en fin de compte préférable de se tourner vers les gras monoinsaturés. Ces derniers, dont l'huile d'olive fait partie, permettent de faire chuter le cholestérol total tout en préservant le HDL.

Par ailleurs, une saine alimentation doit faire une bonne place aux fibres, aux fruits et aux légumes ainsi qu'aux céréales, alors qu'elle doit plutôt contenir peu de sucre et de sodium (sel). En ce qui concerne les fruits et les légumes, vous pouvez en manger autant que le cœur vous en dit, pour autant que vous ne preniez pas de poids... Manger de la viande avec modération, même la viande rouge, n'est nullement contre-indiqué pour quiconque surveille son taux de cholestérol. Ainsi, une portion raisonnable de viande ne devrait pas dépasser 125 g (4 oz). En ce qui concerne les produits laitiers, il est préférable de choisir les versions les plus pauvres en gras; elles ne vous privent nullement du calcium, des protéines ou des vitamines, mais elles vous aident tout de même à contrôler votre taux de cholestérol. Il faut parfois un certain temps pour s'habituer à ces produits plus légers, mais après quelques semaines, voire quelques jours, il n'est pas rare de voir les gens les préférer à ce qu'ils consommaient auparavant. Par ailleurs, un régime anticholestérol n'est nullement contre le pain. Faisant partie des céréales, ce dernier trouve toute la place qui lui revient, pour autant que le beurre qui le recouvre se fasse subtil, léger ou voire absent. Vous vous rendrez bientôt compte qu'en coupant dans le gras, vous n'aurez plus, dans bien des cas, à vous soucier des calories. Vous pourrez manger vos pâtes et votre pain à votre guise, pour autant que leurs accompagnements ne soient pas gras... il vous faudra cependant compter! *Compter les milligrammes* de cholestérol et la quantité de gras des aliments que vous sélectionnerez.

RECETTES ANTICHOLESTÉROL

Les recettes présentées dans ce livre sont, pour l'essentiel, sans cholestérol, quoiqu'une partie, à la toute fin, vous présente quelques recettes avec un faible taux de cholestérol. Comme vous le constaterez, il s'agit de manger agréablement tout en vous éloignant des aliments qui pourraient accroître votre taux de cholestérol. Cela dit, il vous faudra aussi compter un peu... ou, à tout le moins, apprendre à vous intéresser à quelques chiffres qui pourraient avoir une influence non négligeable non seulement sur votre taux de cholestérol mais aussi sur votre santé en général.

Pour conserver ou pour retrouver votre poids santé, il vous faudra savoir la quantité de nourriture que vous pouvez vous permettre, car les adultes que nous sommes ne grandissent plus comme le font les enfants. Nos os, nos muscles et notre peau sont développés depuis belle lurette. Ainsi, nous avons besoin de beaucoup moins de nourriture, proportionnellement parlant, que lorsque nous étions jeunes. Mais de quelle quantité avons-nous besoin, au juste? Pour le savoir, il faut tenir compte de deux variables. D'abord, cette quantité diffère évidemment selon que nous soyons hommes ou femmes. Puis, entre en jeu le fait que nous soyons sédentaires, modérément actifs ou très actifs. Une fois que vous connaîtrez dans quel barème se situe votre poids santé — votre médecin pourra vous le préciser —, vous devrez consommer les calories nécessaires à ce poids, sans tenir compte des kilos que vous avez en trop. Si vous pesez 90 kilos et que vous devriez plutôt en peser 70, nourrissez-vous comme si vous en pesiez 70. Pour ce faire, sachez qu'un homme adulte modérément actif a besoin d'environ 30 calories pour chaque kilo de son poids. S'il s'investit dans un exigeant programme d'exercices, il pourra rajouter deux calories par kilo. Au contraire, s'il devient plus sédentaire, il aura du mal à brûler ses 30 calories par kilo.

Une femme modérément active brûle moins de calories par kilo qu'un homme : elle n'a besoin que de 24 calories par kilo de son poids idéal. Ainsi, il est très facile de connaître le nombre de calories auxquelles vous avez droit quotidiennement. Voici quelques exemples de calculs.

Homme relativement actif
75 kilos × 30 calories/kilo = 2250 calories par jour

Homme relativement inactif
75 kilos × 26 calories/kilo = 1950 calories par jour

Femme modérément active

60 kilos × 24 calories/kilo = 1 440 calories par jour

Femme relativement inactive

60 kilos × 20 calories/kilo = 1 200 calories par jour

Évidemment, si vous avez un gros problème d'embonpoint ou si vous vous mettez à suivre un programme d'exercices très exigeant, vos besoins calorifiques ne seront pas les mêmes. Mais pour la majorité des gens, les exemples de calculs donnés plus haut seront adéquats. Faites donc vos propres calculs à partir de vos données spécifiques.

Pour vous permettre de respecter ce nombre de calories sans avoir à vous livrer à d'interminables calculs, nous vous offrons, à la fin de chaque recette, un tableau des valeurs nutritives, au premier lieu duquel vous trouverez le nombre de calories pour une personne — c'est-à-dire pour quelqu'un qui consommera la moitié de la recette.

Enfin, dernière petite précision, notez que :
- sauf avis contraire, la farine utilisée est de la farine blanche tout usage ;
- les valeurs nutritives pour le sel et le poivre ne sont pas comptées ;
- une pincée équivaut à 0,5 ml (1/8 c. à thé).

Bon appétit et... bonne santé !

Les
soupes
et les
potages

Chaudrée de palourdes

POUR 2 PERSONNES

Ingrédients

500 ml (2 tasses) d'eau
60 ml (1/4 tasse) de carotte, en dés
60 ml (1/4 tasse) de céleri, en dés
60 ml (1/4 tasse) d'oignon, en dés
125 ml (1/2 tasse) de pomme de terre, en dés
125 ml (1/2 tasse) de lait Carnation, évaporé, écrémé
15 ml (1 c. à soupe) de farine
15 ml (1 c. à soupe) de margarine
1 boîte de 297 ml (10 oz) de palourdes, avec son jus
1 pincée d'estragon
Sel et poivre, au goût

Préparation

Dans un chaudron, portez l'eau à ébullition ; ajoutez les dés de carotte, de céleri, d'oignon et de pomme de terre, et faites bouillir 20 minutes. Retirez les légumes, gardez l'eau de cuisson et versez-y le lait. Faites chauffer à feu moyen. Dans un bol, mélangez bien la farine et la margarine, et déposez cette préparation dans l'eau de cuisson. Brassez avec un fouet. Laissez cuire jusqu'à épaississement. Ajoutez la boîte de palourdes et son jus, les légumes et l'estragon. Salez et poivrez au goût.

Valeur nutritive
Pour 1 personne
calories............................ 220
protéines...................... 15,6 g
hydrates de carbone . 26,2 g
matières grasses.......... 5,5 g
cholestérol.................... 0 mg
sodium...................... 953 mg
fibres............................ 1,6 g

Chaudrée hivernale

POUR 2 PERSONNES

Ingrédients

15 ml (1 c. à soupe) d'huile d'olive

15 ml (1 c. à soupe) de cassonade

60 ml (1/4 tasse) de céleri, en cubes

60 ml (1/4 tasse) de carotte, en cubes

60 ml (1/4 tasse) de panais, en cubes

60 ml (1/4 tasse) de pomme de terre, en cubes

125 ml (1/2 tasse) d'oignon, en cubes

500 ml (2 tasses) de bouillon de légumes

5 ml (1 c. à thé) de sauce Worcestershire

60 ml (1/4 tasse) de crème de tomate

2,5 ml (1/2 c. à thé) de moutarde à l'ancienne

1 feuille de laurier

Sel et poivre, au goût

5 ml (1 c. à thé) de persil séché

Préparation

Dans un chaudron, faites chauffer doucement l'huile d'olive et la cassonade jusqu'à ce que celle-ci soit fondue. Ajoutez les légumes. Faites caraméliser et ajoutez le bouillon de légumes, la sauce Worcestershire, la crème de tomates, la moutarde et la feuille de laurier. Salez et poivrez au goût. Portez à ébullition, réduisez le feu et couvrez. Laissez mijoter 30 minutes. Versez dans les bols et persillez.

Valeur nutritive	
Pour 1 personne	
calories	179
protéines	3,3 g
hydrates de carbone	27,8 g
matières grasses	7,1 g
cholestérol	0 mg
sodium	397 mg
fibres	4,6 g

Crème d'asperges fraîches

POUR 2 PERSONNES

Ingrédients

12 asperges fraîches, en morceaux
60 ml (1/4 tasse) de céleri, en dés
125 ml (1/2 tasse) de pomme de terre, en dés
125 ml (1/2 tasse) d'oignon rouge, en dés
30 ml (2 c. à soupe) de margarine fondue
30 ml (2 c. à soupe) de farine
250 ml (1 tasse) de bouillon de bœuf, en conserve
125 ml (1/2 tasse) de lait Carnation, évaporé, écrémé
1 ml (1/4 c. à thé) de fines herbes
1 ml (1/4 c. à thé) de persil séché
Sel et poivre, au goût

Préparation

Avec un économe, épluchez les asperges, le céleri et la pomme de terre. Déposez ces ingrédients dans un chaudron et ajoutez l'oignon. Couvrez d'eau et faites cuire les légumes. Passez-les au robot, avec l'eau de cuisson. Réservez. Dans un bol, mélangez en pâte la margarine fondue et la farine. Dans un chaudron, faites chauffer (sans bouillir) le bouillon de bœuf et le lait. Ajoutez la pâte (faite de margarine et de farine) et fouettez bien pour épaissir. Ajoutez les légumes broyés, les fines herbes et le persil. Salez et poivrez au goût.

Valeur nutritive	
Pour 1 personne	
calories	253
protéines	10,6 g
hydrates de carbone	28,9 g
matières grasses	11,2 g
cholestérol	0 mg
sodium	283 mg
fibres	3,4 g

Gaspacho aux herbes

POUR 2 PERSONNES

Ingrédients

250 ml (1 tasse) de tomates broyées,
  en conserve
125 ml (1/2 tasse) de concombre, en dés
60 ml (1/4 tasse) d'oignon, haché
60 ml (1/4 tasse) de poivron vert, en dés
5 ml (1 c. à thé) d'huile d'olive
5 ml (1 c. à thé) de jus de citron
1 gousse d'ail hachée
0,5 ml (1/8 c. à thé) de Tabasco
15 ml (1 c. à soupe) de basilic frais, haché
5 ml (1 c. à thé) de ciboulette ciselée
Sel et poivre, au goût

Préparation

Dans un plat, mélangez bien tous les ingrédients, sauf le basilic et la ciboulette. Réfrigérez 1 heure. Versez dans les bols et saupoudrez le basilic et la ciboulette. Servez.

Valeur nutritive
Pour 1 personne
calories............................... 67
protéines........................ 1,6 g
hydrates de carbone . 10,9 g
matières grasses.......... 2,3 g
cholestérol.................... 0 mg
sodium........................ 288 mg
fibres............................... 2,3 g

Potage au romarin

Ingrédients

250 ml (1 tasse) de bouillon de légumes

125 ml (1/2 tasse) de pomme de terre, en dés

125 ml (1/2 tasse) de carotte, en dés

125 ml (1/2 tasse) de céleri-rave, en dés

15 ml (1 c. à soupe) d'échalote verte, hachée

2,5 ml (1/2 c. à thé) de romarin

60 ml (1/4 tasse) de lait Carnation, évaporé, écrémé

Sel et poivre, au goût

2,5 ml (1/2 c. à thé) de persil séché

Préparation

Dans un chaudron, déposez le bouillon de légumes, les légumes et le romarin. Portez à ébullition et laissez cuire jusqu'à ce que les légumes soient tendres. Passez au robot, avec le jus de cuisson. Remettez dans le chaudron, ajoutez le lait. Salez et poivrez au goût. Versez dans les bols et saupoudrez le persil. Servez.

Valeur nutritive
Pour 1 personne
calories............................. 89
protéines........................ 4,2 g
hydrates de carbone . 18,5 g
matières grasses.......... 0,2 g
cholestérol..................... 0 mg
sodium........................ 236 mg
fibres............................... 2,4 g

Potage de brocoli et de chou-fleur

Ingrédients

POUR 2 PERSONNES

250 ml (1 tasse) de brocoli, en morceaux

250 ml (1 tasse) de chou-fleur, en morceaux

30 ml (2 c. à soupe) d'huile d'olive

30 ml (2 c. à soupe) d'échalote verte, hachée

15 ml (1 c. à soupe) de farine

125 ml (1/2 tasse) de lait Carnation, évaporé, écrémé

Sel et poivre, au goût

Préparation

Dans un chaudron, déposez le brocoli et le chou-fleur et ajoutez de l'eau juste pour couvrir. Portez à ébullition et laissez cuire les légumes. Versez les légumes et l'eau de cuisson dans un robot culinaire et réduisez en purée. Dans le chaudron, faites chauffer l'huile d'olive et faites-y revenir l'échalote. Saupoudrez-y la farine et mélangez bien. Ajoutez le lait et brassez. Ajoutez la purée de légumes et faites chauffer 15 minutes à feu doux. Salez et poivrez au goût. Servez.

Valeur nutritive
Pour 1 personne
calories.............................. 210
protéines........................ 6,7 g
hydrates de carbone . 16,1 g
matières grasses........ 14,3 g
cholestérol.................... 0 mg
sodium........................ 108 mg
fibres............................. 2,8 g

Potage de carottes

Ingrédients

375 ml (1 1/2 tasse) de bouillon de légumes
500 ml (2 tasses) de carottes, en rondelles
250 ml (1 tasse) de pommes de terre, en cubes
125 ml (1/2 tasse) d'oignons rouges, en cubes
1 gousse d'ail
15 ml (1 c. à soupe) de jus de citron
2,5 ml (1/2 c. à thé) de quatre-épices
Sel et poivre, au goût
30 ml (2 c. à soupe) d'échalote verte, ciselée

Préparation

Dans un chaudron, déposez le bouillon de légumes, les carottes, les pommes de terre, les oignons rouges et la gousse d'ail. Faites mijoter jusqu'à ce que les légumes soient tendres. Passez au robot (avec le jus de cuisson). Remettez dans le chaudron, ajoutez le jus de citron et les quatre-épices. Salez et poivrez au goût. Portez à ébullition. Versez dans les bols et décorez avec l'échalote verte. Servez.

Valeur nutritive
Pour 1 personne
calories.............................. 137
protéines .... 4,2 g
hydrates de carbone . 31,5 g
matières grasses.......... 0,4 g
cholestérol..................... 0 mg
sodium .... 263 mg
fibres............................. 5,7 g

Potage de maïs

POUR 2 PERSONNES

Ingrédients

30 ml (2 c. à soupe) d'huile d'olive
125 ml (1/2 tasse) de poivron vert, en dés
125 ml (1/2 tasse) d'oignon, haché
125 ml (1/2 tasse) de maïs en grains
125 ml (1/2 tasse) de maïs en crème
125 ml (1/2 tasse) de lait Carnation, évaporé, écrémé
125 ml (1/2 tasse) d'eau
Sel et poivre, au goût

Préparation

Dans un chaudron, faites chauffer l'huile d'olive et faites-y revenir le poivron, l'oignon et le maïs en grains. Ajoutez le maïs en crème, le lait et l'eau. Salez et poivrez au goût. Laissez mijoter 5 minutes. Servez.

Valeur nutritive
Pour 1 personne
calories............................. 281
protéines........................ 6,6 g
hydrates de carbone .... 32 g
matières grasses........ 14,8 g
cholestérol.................... 0 mg
sodium .... 441 mg
fibres.............................. 3,6 g

Soupe à l'oignon gratinée

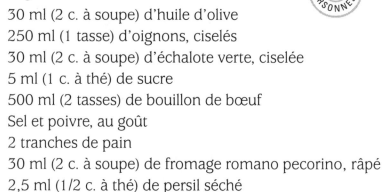

Ingrédients

30 ml (2 c. à soupe) d'huile d'olive

250 ml (1 tasse) d'oignons, ciselés

30 ml (2 c. à soupe) d'échalote verte, ciselée

5 ml (1 c. à thé) de sucre

500 ml (2 tasses) de bouillon de bœuf

Sel et poivre, au goût

2 tranches de pain

30 ml (2 c. à soupe) de fromage romano pecorino, râpé

2,5 ml (1/2 c. à thé) de persil séché

Préparation

Dans un chaudron, faites chauffer l'huile d'olive et faites-y revenir les oignons et l'échalote. Ajoutez le sucre et faites caraméliser. Ajoutez le bouillon de bœuf et faites mijoter 20 minutes. Versez dans deux bols de soupe à l'oignon. Salez et poivrez au goût. Déposez le pain sur le bouillon et saupoudrez-y le fromage. Faites gratiner au four. Servez.

Valeur nutritive
Pour 1 personne
calories.............................. 290
protéines......................... 10 g
hydrates de carbone . 28,3 g
matières grasses........ 17,1 g
cholestérol..................... 0 mg
sodium .... 468 mg
fibres.............................. 1,6 g

Soupe aux champignons et à l'orge

Ingrédients

POUR **2** PERSONNES

60 ml (1/4 tasse) d'orge perlé moyen

30 ml (2 c. à soupe) d'huile d'olive

125 ml (1/2 tasse) de champignons blancs, tranchés

125 ml (1/2 tasse) de pleurotes, en lanières

60 ml (1/4 tasse) d'oignons, ciselés

60 ml (1/4 tasse) de poivrons verts, en dés

60 ml (1/4 tasse) de poivrons rouges, en dés

125 ml (1/2 tasse) de carottes, en rondelles

60 ml (1/4 tasse) de céleri, biseauté

1 gousse d'ail, hachée

125 ml (1/2 tasse) de tomates, en conserve, avec le jus

250 ml (1 tasse) de bouillon de légumes

1 ml (1/4 c. à thé) de romarin séché

2,5 ml (1/2 c. à thé) de persil séché

Sel et poivre, au goût

Préparation

Faites cuire l'orge tel qu'il est indiqué sur l'emballage. Rincez à l'eau froide et égouttez bien. Réservez. Dans un chaudron, faites chauffer l'huile d'olive et faites-y cuire pendant 5 minutes, à feu moyen, les champignons, les oignons, les poivrons, les carottes, le céleri et l'ail. Ajoutez les tomates et leur jus, le bouillon de légumes, le romarin et le persil. Faites cuire 10 minutes. Salez et poivrez au goût. Ajoutez l'orge cuit. Servez.

Valeur nutritive	
Pour 1 personne	
calories	266
protéines	5 g
hydrates de carbone	31,3 g
matières grasses	14,6 g
cholestérol	0 mg
sodium	267 mg
fibres	6,9 g

Soupe aux haricots jaunes

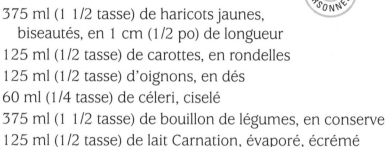

Ingrédients

POUR 2 PERSONNES

375 ml (1 1/2 tasse) de haricots jaunes,
biseautés, en 1 cm (1/2 po) de longueur
125 ml (1/2 tasse) de carottes, en rondelles
125 ml (1/2 tasse) d'oignons, en dés
60 ml (1/4 tasse) de céleri, ciselé
375 ml (1 1/2 tasse) de bouillon de légumes, en conserve
125 ml (1/2 tasse) de lait Carnation, évaporé, écrémé

Préparation

Dans un chaudron, déposez les haricots, les carottes, les oignons, le céleri, et couvrez avec le bouillon de légumes. Faites mijoter jusqu'à ce que les haricots soient tendres. Ajoutez le lait et faites chauffer doucement quelques minutes. Salez et poivrez au goût. Servez.

Valeur nutritive	
Pour 1 personne	
calories	112
protéines	7,1 g
hydrates de carbone	22,1 g
matières grasses	0,2 g
cholestérol	0 mg
sodium	326 mg
fibres	4,7 g

Soupe bœuf et orge perlé

Ingrédients

60 ml (1/4 tasse) d'orge perlé

15 ml (1 c. à soupe) d'huile d'olive

60 ml (1/4 tasse) d'oignons, hachés

60 ml (1/4 tasse) de céleri, en dés

60 ml (1/4 tasse) de carottes, en dés

375 ml (1 1/2 tasse) de bouillon de bœuf

2,5 ml (1/2 c. à thé) de persil séché

Sel et poivre, au goût

Préparation

Faites cuire l'orge tel qu'il est indiqué sur l'emballage, égouttez-le et rincez-le. Réservez. Dans un chaudron, faites chauffer l'huile d'olive et faites-y revenir les oignons, le céleri et les carottes. Ajoutez le bouillon de bœuf et l'orge cuit. Faites bouillir 10 minutes. Ajoutez le persil. Salez et poivrez au goût. Servez.

Valeur nutritive	
Pour 1 personne	
calories	179
protéines	6,6 g
hydrates de carbone	23,1 g
matières grasses	7,3 g
cholestérol	0 mg
sodium	141 mg
fibres	6,2 g

Les
entrées

Aubergine et tomate gratinées

Ingrédients

POUR 2 PERSONNES

30 ml (2 c. à soupe) d'huile d'olive
4 tranches d'aubergine de 1 cm (1/2 po) d'épaisseur
1 tomate moyenne, tranchée
15 ml (1 c. à soupe) d'échalote française, ciselée
2,5 ml (1/2 c. à thé) de basilic séché
Sel et poivre, au goût
60 ml (1/4 tasse) de fromage romano pecorino, râpé
2 feuilles de laitue

Préparation

Dans une poêle, faites chauffer l'huile d'olive et faites-y rôtir les tranches d'aubergine. Déposez-les sur une plaque allant au four, ajoutez les tranches de tomate, l'échalote et le basilic. Salez et poivrez au goût. Répartissez le fromage et faites gratiner au four. Déposez sur une feuille de laitue. Servez.

Valeur nutritive
Pour 1 personne
calories.............................. 192
protéines......................... 3,3 g
hydrates de carbone ... 6,8 g
matières grasses........ 17,3 g
cholestérol.................... 0 mg
sodium....................... 229 mg
fibres.................................. 2 g

Bruchetta santé

POUR
2
PERSONNES

Ingrédients

Pour la vinaigrette :
4 tomates moyennes, épépinées, en dés
60 ml (1/4 tasse) d'oignons, en dés
30 ml (2 c. à soupe) d'échalotes vertes, ciselées
60 ml (1/4 tasse) de poivrons verts, en dés
125 ml (1/2 tasse) d'huile d'olive
60 ml (1/4 tasse) de vinaigre blanc
5 ml (1 c. à thé) de sucre
2 gousses d'ail, hachées
5 ml (1 c. à thé) de basilic séché
5 ml (1 c. à thé) de persil séché
Sel et poivre, au goût

Pour les bruchettas :
8 tranches de pain baguette de 2 1/2 cm (1 po) d'épaisseur
30 ml (2 c. à soupe) de margarine à l'ail
125 ml (1/2 tasse) de fromage romano pecorino, râpé

Préparation

Pour la vinaigrette : Dans un bol, mélangez tous les ingrédients de la vinaigrette. Réfrigérez 1 heure.

Étendez la margarine à l'ail sur les tranches de pain et répartissez-y le fromage râpé. Faites gratiner au four. Déposez un petit bol de vinaigrette au centre des assiettes, et disposez les tranches de pain autour. Servez.

Valeur nutritive	
Pour 1 personne	
calories	978
protéines	14,7 g
hydrates de carbone	65,8 g
matières grasses	76,8 g
cholestérol	0 mg
sodium	109 g
fibres	5,8 g

Champignons farcis

Ingrédients

250 ml (1 tasse) de champignons blancs, entiers

15 ml (1 c. à soupe) d'échalote française, hachée

15 ml (1 c. à soupe) de chapelure

15 ml (1 c. à soupe) de margarine à l'ail

5 ml (1 c. à thé) de persil séché

Sel et poivre, au goût

2 feuilles de laitue

60 ml (1/4 tasse) de tomates cerises, coupées en deux

Préparation

Retirez les pieds de champignons et hachez-les. Ajoutez l'échalote et garnissez-en les têtes de champignons. Sur chacune, saupoudrez de la chapelure et répartissez-y la margarine. Persillez, salez et poivrez au goût. Faites cuire 15 minutes au four, à 180 °C (350 °F). Disposez une feuille de laitue dans chaque assiette, déposez-y les champignons et garnissez avec les tomates cerises. Servez.

Valeur nutritive	
Pour 1 personne	
calories	83
protéines	1,8 g
hydrates de carbone	6,3 g
matières grasses	6,1 g
cholestérol	0 mg
sodium	85 mg
fibres	1,1 g

Cœurs en vinaigrette

Ingrédients

Pour la vinaigrette :
5 ml (1 c. à thé) de moutarde de Dijon
5 ml (1 c. à thé) de sauce Chili
5 ml (1 c. à thé) de jus de citron
5 ml (1 c. à thé) de vinaigre de vin rouge
1 ml (1/4 c. à thé) de basilic séché
60 ml (1/4 tasse) d'huile d'olive
Sel et poivre, au goût

Pour la recette :
500 ml (2 tasses) de laitue
1 tomate moyenne, centre vidé, chair coupée en lanières
4 cœurs d'artichauts, en conserve, coupés en deux
2 cœurs de palmier, biseautés en quatre
2,5 ml (1/2 c. à thé) de persil séché

Préparation

Pour la vinaigrette : Dans un bol, fouettez vigoureusement la moutarde de Dijon, la sauce Chili, le jus de citron, le vinaigre et le basilic. Ajoutez l'huile en filet en fouettant vigoureusement. Salez et poivrez au goût.

Déposez la laitue au centre des assiettes, les lanières de tomate de chaque côté. Disposez les cœurs d'artichauts en haut de l'assiette et les cœurs de palmier en bas. Versez la vinaigrette sur les cœurs. Persillez. Servez.

Valeur nutritive
Pour 1 personne
calories.............................. 316
protéines........................ 4,2 g
hydrates de carbone . 12,6 g
matières grasses........ 28,4 g
cholestérol.................... 0 mg
sodium........................ 637 mg
fibres.............................. 3,4 g

Courgettes sauce tomate

POUR
2
PERSONNES

Ingrédients

4 courgettes, coupés en deux sur
le sens de la longueur
30 ml (2 c. à soupe) d'huile d'olive

Pour la sauce :
30 ml (2 c. à soupe) d'huile d'olive
125 ml (1/2 tasse) d'oignons, en dés
1 gousse d'ail, hachée
2,5 ml (1/2 c. à thé) de basilic séché
2,5 ml (1/2 c. à thé) de persil séché
250 ml (1 tasse) de tomates, en conserve, en dés, avec leur jus
Sel et poivre, au goût

Préparation

Dans une poêle, faites chauffer l'huile d'olive et faites-y revenir
les courgettes.

Pour la sauce : Dans une poêle, faites chauffer l'huile d'olive et
faites-y revenir les oignons, l'ail, le basilic et le persil. Salez et
poivrez au goût. Ajoutez les tomates avec leur jus et laissez mijoter 30 minutes, en brassant régulière-
ment.

Déposez les courgettes dans les
assiettes et nappez de sauce. Servez.

Valeur nutritive
Pour 1 personne
calories............................... 288
protéines......................... 2,4 g
hydrates de carbone ... 9,2 g
matières grasses........ 28,2 g
cholestérol.................... 0 mg
sodium........................ 191 mg
fibres............................. 1,8 g

Fèves germées et cresson

Ingrédients

POUR 2 PERSONNES

500 ml (2 tasses) de fèves germées
125 ml (1/2 tasse) de concombre, en dés
60 ml (1/4 tasse) de céleri, biseauté
125 ml (1/2 tasse) de cresson
1 orange, en suprême
60 ml (1/4 tasse) de fromage romano pecorino frais,
   en morceaux

Pour la vinaigrette :
30 ml (2 c. à soupe) d'huile d'olive
5 ml (1 c. à thé) de moutarde de Dijon
15 ml (1 c. à soupe) de vinaigre de vin
5 ml (1 c. à thé) de jus de citron
Sel et poivre, *au goût*

Préparation

Faites tremper les fèves germées 1 minute dans de l'eau bouillante. Bien égoutter. Déposez dans un saladier, ajoutez le concombre, le céleri, le cresson, l'orange et le fromage.

Pour la vinaigrette : Dans un bol, mélangez l'huile d'olive, la moutarde, le vinaigre et le jus de citron. Salez et poivrez au goût. Versez dans le saladier. Réfrigérez une demi-heure. Servez.

Valeur nutritive
Pour 1 personne
calories................................ 306
protéines........................ 14,3 g
hydrates de carbone . 18,2 g
matières grasses........ 23,2 g
cholestérol..................... 0 mg
sodium .... 306 mg
fibres................................. 4,3 g

Filo d'asperges, sauce aux herbes

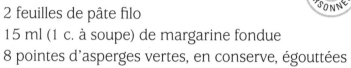

Ingrédients

2 feuilles de pâte filo
15 ml (1 c. à soupe) de margarine fondue
8 pointes d'asperges vertes, en conserve, égouttées

Pour la sauce :
90 ml (1/3 tasse) de vin blanc sec
15 ml (1 c. à soupe) d'échalote verte, ciselée
1 feuille de laurier
45 ml (3 c. à soupe) de margarine
15 ml (1 c. à soupe) de sauce à salade légère
5 ml (1 c. à thé) d'herbes de Provence

Préparation

Étendez les feuilles de pâte filo, coupez-les en 2 et graissez-les au pinceau avec la margarine fondue. Superposez les feuilles de pâte filo, et déposez 4 pointes d'asperges sur chacune. Faites 2 rouleaux. Faites cuire au four une dizaine de minutes, jusqu'à ce que la pâte soit bien dorée.

Pour la sauce : Dans un chaudron, portez à ébullition le vin, l'échalote et la feuille de laurier. Faites réduire de moitié. Ajoutez la margarine et laissez tiédir. Ajoutez la sauce à salade et les herbes de Provence. Versez la sauce dans les assiettes, et déposez-y les rouleaux. Servez.

Valeur nutritive
Pour 1 personne
calories.............................. 371
protéines........................ 3,9 g
hydrates de carbone . 22,1 g
matières grasses........ 24,5 g
cholestérol.................... 0 mg
sodium........................ 650 mg
fibres............................. 1,3 g

Galettes de pommes de terre à la ciboulette

Ingrédients

4 pommes de terre moyennes

1 blanc d'œuf

60 ml (1/4 tasse) de ciboulette, hachée

Sel et poivre, au goût

60 ml (1/4 tasse) de farine

15 ml (1 c. à soupe) de margarine

2 feuilles de laitue

Préparation

Faites bouillir les pommes de terre et réduisez-les en purée (sans lait). Ajoutez le blanc d'œuf et la ciboulette. Salez et poivrez au goût. Formez deux galettes bien tassées et enfarinez-les généreusement. Dans une poêle, faites chauffer la margarine et faites-y dorer les galettes. Disposez une feuille de laitue dans chaque assiette et déposez-y les galettes. Servez.

Valeur nutritive

Pour 1 galette	
calories	290
protéines	8,2 g
hydrates de carbone	52,4 g
matières grasses	5,7 g
cholestérol	0 mg
sodium	96 mg
fibres	4,1 g

Mini-coquilles Saint-Jacques

Ingrédients

POUR **2** PERSONNES

30 ml (2 c. à soupe) d'huile d'olive

15 ml (1 c. à soupe) d'échalote française, ciselée

60 ml (1/4 tasse) de champignons blancs, en morceaux

125 ml (1/2 tasse) de mini-pétoncles, crus

15 ml (1 c. à soupe) de farine

125 ml (1/2 tasse) de lait Carnation, évaporé, écrémé

1 ml (1/4 c. à thé) d'estragon séché

Sel et poivre, au goût

125 ml (1/2 tasse) de fromage romano pecorino, frais

Préparation

Dans une poêle, faites chauffer l'huile et faites-y revenir l'écha-lote et les champignons. Ajoutez les pétoncles et la farine et brassez bien. Ajoutez le lait et l'estragon. Salez et poivrez au goût. Déposez dans les mini-coquilles Saint-Jacques et recou-vrez de fromage. Faites gratiner au four. Servez.

Valeur nutritive

Pour 1 coquille	
calories	275
protéines	7 g
hydrates de carbone	13,4 g
matières grasses	20,1 g
cholestérol	0 mg
sodium	521 mg
fibres	0,7 g

Nachos du pub

POUR
2
PERSONNES

Ingrédients

4 coquilles de nachos

60 ml (1/4 tasse) de poivrons rouges, en dés

60 ml (1/4 tasse) de poivrons verts, en dés

60 ml (1/4 tasse) d'olives noires, tranchées

30 ml (2 c. à soupe) d'échalotes vertes, ciselées

125 ml (1/2 tasse) de salsa forte

60 ml (1/4 tasse) de fromage romano pecorino, râpé

60 ml (1/4 tasse) de tomates, en dés

Préparation

Dans un plat allant au micro-ondes, déposez la moitié des nachos. Dans un bol, mélangez les poivrons, les olives noires et
les échalotes, et étendez-en la moitié sur les nachos. Ajoutez la
moitié de la salsa et saupoudrez la moitié du fromage. Dans le
même ordre, ajoutez l'autre moitié des nachos, des légumes,
de la salsa et du fromage. Garnissez avec les tomates. Faites
chauffer deux minutes au four micro-ondes, à puissance maxi-
male. Servez.

Valeur nutritive
Pour 1 personne
calories............................ 268
protéines .... 4,5 g
hydrates de carbone .... 26 g
matières grasses........ 15,6 g
cholestérol.................... 0 mg
sodium .... 728 mg
fibres............................. 2,9 g

Pelures de pommes de terre bourgeoises

Ingrédients

POUR 2 PERSONNES

2 pommes de terre

30 ml (2 c. à soupe) d'huile d'olive

60 ml (1/4 tasse) de salsa moyenne

1 tomate moyenne, en dés

30 ml (2 c. à soupe) d'échalotes vertes, hachées

60 ml (1/4 tasse) de fromage romano pecorino, râpé

15 ml (1 c. à soupe) de persil séché

Préparation

Faites bouillir les pommes de terre, avec la pelure. Égouttez-les et laissez-les refroidir. Coupez-les en quatre. Retirez le surplus de chair, en laissant environ 1 cm (1/2 po) de chair sur la pelure. Badigeonnez-les avec l'huile d'olive et déposez-les sur une plaque allant au four. Faites-les rôtir 15 minutes à 205 °C (400 °F). Sur les pelures, déposez la salsa, les dés de tomate, les échalotes et le fromage, puis persillez. Remettez 10 minutes au four. Servez.

Valeur nutritive
Pour 1 personne
calories.............................. 274
protéines.......................... 5 g
hydrates de carbone . 25,6 g
matières grasses........ 17,5 g
cholestérol.................... 0 mg
sodium........................ 390 mg
fibres................................. 3 g

Salade de fusilli au tofu

Ingrédients

250 ml (1 tasse) de fusilli arc-en-ciel

Pour la vinaigrette :

5 ml (1 c. à thé) de vinaigre balsamique

2,5 ml (1/2 c. à thé) de moutarde à l'ancienne

5 ml (1 c. à thé) de sauce Chili

2,5 ml (1/2 c. à thé) de sauce Worcestershire

1 gousse d'ail, hachée

2,5 ml (1/2 c. à thé) de basilic séché

45 ml (3 c. à soupe) d'huile d'olive

Pour la salade :

60 ml (1/4 tasse) d'échalotes vertes, ciselées

60 ml (1/4 tasse) de céleri, en dés

60 ml (1/4 tasse) de carottes, en dés

60 ml (1/4 tasse) de poivrons verts, en dés

60 ml (1/4 tasse) de radis, en dés

125 ml (1/2 tasse) de champignons blancs, tranchés

180 ml (3/4 tasse) de tofu, en dés

POUR 2 PERSONNES

Préparation

Faites cuire les pâtes tel qu'il est indiqué sur l'emballage. Rincez à l'eau froide et égouttez bien. Réservez.

Pour la vinaigrette : Dans un bol, bien fouetter le vinaigre, la moutarde, la sauce Chili, la sauce Worcestershire, l'ail et le basilic. Ajoutez l'huile en filet en fouettant vigoureusement.

Dans un saladier, déposez les pâtes, les échalotes, le céleri, les carottes, les poivrons, les radis, les champignons et le tofu. Versez-y la vinaigrette et mélangez bien. Réfrigérez au moins 1 heure avant de servir.

Valeur nutritive	
Pour 1 personne	
calories	698
protéines	22,6 g
hydrates de carbone	93,3 g
matières grasses	27,1 g
cholestérol	0 mg
sodium	171 mg
fibres	5,3 g

Salade de poires et de pacanes

Ingrédients

Pour la vinaigrette :
60 ml (1/4 tasse) d'huile d'olive
5 ml (1 c. à thé) de moutarde à l'ancienne
2,5 ml (1/2 c. à thé) de sucre blanc
10 ml (2 c. à thé) de jus de citron
1 pincée d'estragon séché

Pour la salade :
6 feuilles de salade radicchio, déchiquetées
3 feuilles de laitue Iceberg, déchiquetées
250 ml (1 tasse) d'épinards frais
4 × 1/2 poire, en conserve, égouttée, en quartiers
125 ml (1/2 tasse) de noix de pacanes

Préparation

Pour la vinaigrette : Dans un bol, mélangez tous les ingrédients de la vinaigrette. Fouettez vigoureusement.

Déposez les feuilles de laitue et les épinards dans les assiettes. Déposez-y les quartiers de poires et garnissez de noix de pacanes. Versez-y la vinaigrette. Servez.

Valeur nutritive
Pour 1 personne
calories............................. 714
protéines........................ 6,4 g
hydrates de carbone . 26,2 g
matières grasses........ 68,1 g
cholestérol.................... 0 mg
sodium...................... 331 mg
fibres............................. 9,2 g

Salade tiède
aux champignons

Ingrédients

POUR 2 PERSONNES

30 ml (2 c. à soupe) de margarine
15 ml (1 c. à soupe) d'échalote française, hachée
1 gousse d'ail, hachée
375 ml (1 1/2 tasse) de champignons blancs, tranchés
15 ml (1 c. à soupe) de farine
250 ml (1 tasse) de bouillon de bœuf en conserve
Sel et poivre, au goût
500 ml (2 tasses) de laitue Iceberg, déchiquetée
15 ml (1 c. à soupe) de persil séché

Préparation

Dans une poêle, faites chauffer la margarine et faites-y revenir l'échalote, l'ail et les champignons. Ajoutez la farine et mélangez bien. Versez-y le bouillon de bœuf et laissez épaissir légèrement. Salez et poivrez au goût. Déposez la laitue dans les assiettes et versez-y la préparation aux champignons. Persillez. Servez.

Valeur nutritive
Pour 1 personne
calories.............................. 151
protéines........................ 4,9 g
hydrates de carbone ... 7,5 g
matières grasses........ 11,4 g
cholestérol.................... 0 mg
sodium...................... 215 mg
fibres.............................. 1,6 g

Terrine de haricots mélangés

Ingrédients

15 ml (1 c. à soupe) d'échalote française, hachée

125 ml (1/2 tasse) de champignons blancs, en dés

60 ml (1/4 tasse) de poivrons rouges, en dés

1 gousse d'ail, hachée

45 ml (3 c. à soupe) de jus de légumes

30 ml (2 c. à soupe) de vin blanc sec

250 ml (1 tasse) de haricots mélangés, en conserve

2 blancs d'œufs

45 ml (3 c. à soupe) de chapelure

1 pincée de thym séché

1 ml (1/4 c. à thé) de basilic séché

Sel et poivre, au goût

2,5 ml (1/2 c. à thé) de margarine

2 feuilles de laitue romaine

6 tomates cerises

4 tranches de pain baguette, grillées

Préparation

Dans un chaudron, déposez l'échalote, les champignons, les poivrons, l'ail, le jus de légumes et le vin. Faites cuire à feu doux jusqu'à ce que les légumes soient cuits. Laissez refroidir. Ajoutez les haricots et réduisez en purée, avec un pilon. Ajoutez les blancs d'œufs, la chapelure, le thym et le basilic, salez et poivrez au goût. Mélangez bien. Divisez le mélange dans deux assiettes d'aluminium de 7,5 cm (3 po) de diamètre, graissées avec la margarine.

Valeur nutritive	
Pour 1 personne	
calories	339
protéines	16,4 g
hydrates de carbone	58 g
matières grasses	3,8 g
cholestérol	0 mg
sodium	819 mg
fibres	5,9 g

Faites cuire 45 minutes (ou jusqu'à ce que la préparation soit dorée) au four à 180 °C (350 °F). Laissez refroidir et démoulez. Déposez une feuille de laitue dans chaque assiette, disposez la terrine au centre, et les tomates cerises ainsi que le pain grillé tout autour. Servez.

Tortillas au tofu

Ingrédients

30 ml (2 c. à soupe) d'huile d'olive
1 gousse d'ail, hachée
125 ml (1/2 tasse) de tofu, en dés
60 ml (1/4 tasse) d'oignons rouges, hachés
15 ml (1 c. à soupe) de farine
125 ml (1/2 tasse) de lait Carnation, évaporé, écrémé
60 ml (1/4 tasse) de poivrons rouges, en dés
60 ml (1/4 tasse) de champignons blancs, tranchés
60 ml (1/4 tasse) d'olives farcies, coupées en deux
Sel et poivre au goût

Préparation

Dans une poêle, faites chauffer l'huile d'olive et faites-y revenir l'ail et le tofu. Ajoutez les oignons. Saupoudrez la farine et brassez bien. Ajoutez le lait et laissez épaissir. Ajoutez les poivrons, les champignons et les olives. Salez et poivrez au goût. Étendez sur les tortillas, roulez-les et coupez-les en trois morceaux. Servez.

Valeur nutritive
Pour 1 personne
calories.............................. 257
protéines........................ 7,9 g
hydrates de carbone . 15,4 g
matières grasses........ 18,2 g
cholestérol.................... 0 mg
sodium.......................... 251 mg
fibres............................. 1,4 g

Les
plats
principaux

Boucles au pesto

Ingrédients

500 ml (2 tasses) de boucles

Pour le pesto :
2 gousses d'ail
30 ml (2 c. à soupe) d'échalotes vertes, hachées finement
125 ml (1/2 tasse) de persil frais
125 ml (1/2 tasse) de basilic frais
60 ml (1/4 tasse) d'huile d'olive
Sel et poivre, au goût
30 ml (2 c. à soupe) de vin blanc sec

Préparation

Faites cuire les boucles tel qu'il est indiqué sur l'emballage. Rincez à l'eau froide et bien égoutter. Réservez. Dans un robot culinaire, réduirez en pâte les échalotes, l'ail, le persil et le basilic. Ajoutez l'huile d'olive et mélangez. Salez et poivrez au goût. Versez dans un chaudron, ajoutez le vin blanc et faites chauffer, à feu doux, quelques minutes. Ajoutez les pâtes et laissez-les réchauffer. Servez.

Valeur nutritive
Pour 1 personne
calories.............................. 266
protéines........................ 0,9 g
hydrates de carbone ... 3,3 g
matières grasses........ 28,1 g
cholestérol..................... 0 mg
sodium.......................... 11 mg
fibres.............................. 0,8 g

Boulettes de légumes

Ingrédients

Pour les boulettes :
125 ml (1/2 tasse) de carottes, en dés
125 ml (1/2 tasse) de navet, en dés
125 ml (1/2 tasse) de pommes de terre, en dés
125 ml (1/2 tasse) de champignons blancs, tranchés
125 ml (1/2 tasse) d'oignons, hachés
125 ml (1/2 tasse) de céleri, en dés
125 ml (1/2 tasse) de poivron vert, en dés
125 ml (1/2 tasse) de farine
2,5 ml (1/2 c. à thé) de basilic séché
Sel et poivre, au goût
2 blancs d'œufs
250 ml (1 tasse) de chapelure
30 ml (2 c. à soupe) d'huile d'olive

Pour la sauce :
125 ml (1/2 tasse) de bouillon de légumes
250 ml (1 tasse) de poivron rouge, en dés
Sel et poivre, au goût

Préparation

Pour les boulettes : Dans un chaudron, déposez les carottes, le navet, les pommes de terre, les champignons, les oignons, le céleri et le poivron vert. Couvrez d'eau et faites cuire jusqu'à tendreté des légumes. Égouttez et passez au robot culinaire. Ajoutez la farine, le basilic, salez et poivrez au goût.

Valeur nutritive
Pour 1 personne
calories............................. 536
protéines..................... 18,1 g
hydrates de carbone . 84,1 g
matières grasses........ 17,5 g
cholestérol..................... 0 mg
sodium............................ 68 g
fibres.............................. 6,9 g

Façonnez des boulettes et roulez-les dans les blancs d'œufs puis dans la chapelure. Déposez-les sur une plaque huilée et faites cuire 10 minutes au four à 180 °C (350 °F).

Pour la sauce : Dans un chaudron, déposez le bouillon de légumes et le poivron rouge. Faites cuire à feu moyen. Passez au robot culinaire. Salez et poivrez au goût. Versez sur les boulettes. Servez.

Brochettes de pétoncles

Ingrédients

Pour les brochettes :

8 gros pétoncles crus

6 morceaux (carrés de 2 1/2 cm [1 po]) de poivron vert

4 morceaux (carrés de 2 1/2 cm [1 po]) de poivron rouge

6 morceaux (carrés de 2 1/2 cm [1 po]) d'oignons rouges

4 champignons blancs

15 ml (1 c. à soupe) d'huile d'olive

Pour le riz :

250 ml (1 tasse) de riz à grains longs

30 ml (2 c. à soupe) d'huile d'olive

30 ml (2 c. à soupe) de poivron vert, en dés

30 ml (2 c. à soupe) de poivron rouge, en dés

30 ml (2 c. à soupe) de champignons, hachés

60 ml (1/4 tasse) d'oignons rouges, hachés

2,5 ml (1/2 c. à thé) d'estragon séché

Sel et poivre, au goût

Préparation

Pour les brochettes : Montez les deux brochettes en alternant les légumes et les pétoncles. Huilez une plaque et déposez-y les brochettes. Faites cuire 10 minutes au four à 200 °C (400 °F).

Pour le riz : Faites cuire tel qu'il est indiqué sur l'emballage. Dans une poêle, faites chauffer l'huile d'olive et faites-y suer (sans rôtir) les poivrons, les champignons et les oignons et incorporez au riz. Ajoutez l'estragon, salez et poivrez au goût. Disposez en nid dans les assiettes et déposez-y les brochettes. Servez.

Valeur nutritive	
Pour 1 personne	
calories	568
protéines	10,7 g
hydrates de carbone	89,1 g
matières grasses	23,6 g
cholestérol	0 mg
sodium	6 mg
fibres	9 g

POUR 2 PERSONNES

Burritos végétariens

Ingrédients

POUR 2 PERSONNES

30 ml (2 c. à soupe) d'huile d'olive

60 ml (1/4 tasse) de champignons blancs, tranchés

60 ml (1/4 tasse) d'oignons rouges, tranchés

60 ml (1/4 tasse) de poivron vert, en lanières

60 ml (1/4 tasse) de poivron rouge, en lanières

60 ml (1/4 tasse) de céleri, biseauté

60 ml (1/4 tasse) de carottes, en minces rondelles

60 ml (1/4 tasse) de brocoli, en petits bouquets

60 ml (1/4 tasse) de chou-fleur, en petits morceaux

1 courgette, tranchée

1 tomate moyenne, en quartiers

125 ml (1/2 tasse) de salsa moyenne

60 ml (1/4 tasse) de fromage romano pecorino, râpé

2,5 ml (1/2 c. à thé) de persil séché

Sel et poivre, au goût

4 tortillas

Préparation

Dans une poêle, faites chauffer l'huile d'olive et faites-y revenir les champignons, les oignons rouges, les poivrons, le céleri, les carottes, le brocoli, le chou-fleur et la courgette. Lorsque les légumes sont tendres, ajoutez les tomates, la salsa, le fromage et le persil. Salez et poivrez au goût. Faites chauffer 5 minutes à feu moyen. Déposez au centre des tortillas, roulez-les en repliant les côtés pour fermer. Faites cuire 15 minutes au four à 180 °C (350 °F). Servez.

Valeur nutritive
Pour 1 personne
calories............................ 319
protéines.......................... 6 g
hydrates de carbone . 34,6 g
matières grasses........ 18,2 g
cholestérol.................... 0 mg
sodium .... 531 mg
fibres............................. 5,5 g

Casserole de riz tomaté

Ingrédients

125 ml (1/2 tasse) de riz à grains longs

30 ml (2 c. à soupe) d'huile d'olive

60 ml (1/4 tasse) de céleri, en dés

125 ml (1/2 tasse) d'oignons, hachés

125 ml (1/2 tasse) de champignons blancs, tranchés

500 ml (2 tasses) de tomates, en conserve, avec leur jus

60 ml (1/4 tasse) d'olives vertes farcies, coupées en deux

15 ml (1 c. à soupe) de farine

2,5 ml (1/2 c. à thé) de poudre d'ail

2,5 ml (1/2 c. à thé) de poudre de Chili

60 ml (1/4 tasse) de pois verts, en conserve

60 ml (1/4 tasse) de fromage romano pecorino, râpé

Préparation

Faites cuire le riz tel qu'il est indiqué sur l'emballage. Réservez. Dans une casserole, mettez l'huile d'olive, le céleri, les oignons et les champignons. Faites cuire 5 minutes à feu doux. Ajoutez les tomates avec leur jus et les olives. Portez à ébullition. Saupoudrez la farine, la poudre d'ail, la poudre de Chili et brassez bien. Ajoutez les pois et le romano et laissez chauffer 5 minutes à feu doux. Servez.

Valeur nutritive	
Pour 1 personne	
calories	420
protéines	9 g
hydrates de carbone	52,9 g
matières grasses	19,5 g
cholestérol	0 mg
sodium	787 mg
fibres	4,9 g

Chaussons d'avoine, sauce à l'oignon

Ingrédients

POUR 2 PERSONNES

Pour la pâte :

250 ml (1 tasse) de farine

125 ml (1/2 tasse) de margarine

125 ml (1/2 tasse) de pommes de terre cuites, refroidies, râpées

30 ml (2 c. à soupe) d'eau froide

1 pincée de sel

Pour la garniture :

30 ml (2 c. à soupe) d'huile d'olive

60 ml (1/4 tasse) de champignons blancs, tranchés

60 ml (1/4 tasse) d'oignons, hachés

125 ml (1/2 tasse) de poivron vert, en dés

1 gousse d'ail

125 ml (1/2 tasse) de flocons d'avoine

15 ml (1 c. à soupe) de sauce soya

15 ml (1 c. à soupe) de farine de blé

Sel et poivre, au goût

Pour la sauce :

15 ml (1 c. à soupe) d'huile d'olive

250 ml (1 tasse) d'oignons, ciselés

15 ml (1 c. à soupe) de farine

125 ml (1/2 tasse) de bouillon de bœuf

Sel et poivre, au goût

Valeur nutritive	
Pour 1 personne	
calories	1113
protéines	28,4 g
hydrates de carbone	105,2 g
matières grasses	68,7 g
cholestérol	0 mg
sodium	106 g
fibres	9 g

Préparation

Pour la pâte :

Dans un bol, mélangez bien la farine, la margarine et les pommes de terre. Ajoutez l'eau et le sel. Pétrissez en formant une boule de pâte. Réfrigérez 1 heure. Étendez la pâte en 2 abaisses.

Pour la garniture :

Dans une poêle, faites chauffer l'huile d'olive et faites-y revenir (sans les colorer) les champignons, les oignons, le poivron et l'ail. Ajoutez les flocons d'avoine, la sauce soya et la farine. Salez et poivrez au goût. Déposez sur le centre des abaisses, repliez-les et écrasez les rebords à la fourchette. Faites cuire sur une plaque, 30 minutes au four à 180 °C (350 °F).

Pour la sauce :

Dans une poêle, faites chauffer l'huile d'olive et faites-y revenir (sans les colorer) les oignons. Ajoutez la farine et brassez bien. Ajoutez le bouillon de bœuf. Faites mijoter à feu doux. Salez et poivrez au goût. Déposez les chaussons dans les assiettes et nappez-les de sauce. Servez.

Chop suey

Ingrédients

5 ml (1 c. à thé) de fécule de maïs

500 ml (2 tasses) de fèves germées

30 ml (2 c. à soupe) d'huile d'olive

125 ml (1/2 tasse) de champignons blancs, tranchés

125 ml (1/2 tasse) d'oignons, ciselés

125 ml (1/2 tasse) de chou-fleur, en bouquetons

125 ml (1/2 tasse) de brocoli, en bouquetons

60 ml (1/4 tasse) de poivron vert, en lanières

60 ml (1/4 tasse) de poivron rouge, en lanières

60 ml (1/4 tasse) de carottes, en rondelles

60 ml (1/4 tasse) de noix de Grenoble, hachées

5 ml (1 c. à thé) de gingembre frais, râpé

30 ml (2 c. à soupe) de sauce soya

250 ml (1 tasse) de bouillon de bœuf

30 ml (2 c. à soupe) d'échalotes vertes, hachées

POUR 2 PERSONNES

Préparation

Dans un bol, mélangez la fécule de maïs à 30 ml (2 c. à soupe) d'eau. Égouttez. Réservez.

Dans un chaudron d'eau bouillante, faites cuire les fèves germées 1 minute. Réservez.

Dans une poêle, faites chauffer l'huile d'olive et faites-y revenir (sans les colorer) les champignons, les oignons, le chou-fleur, le brocoli, les poivrons et les carottes. Ajoutez les noix, le gingembre, la sauce soya, le bouillon de bœuf et les fèves germées. Faites cuire 10 minutes. Ajoutez la fécule de maïs et laissez épaissir. Déposez dans les assiettes et garnissez avec les échalotes. Servez.

Valeur nutritive
Pour 1 personne
calories.............................. 459
protéines......................... 20 g
hydrates de carbone . 25,9 g
matières grasses........ 36,4 g
cholestérol.................... 0 mg
sodium .... 105 g
fibres .... 7,3 g

Cigares au chou farcis de riz

Ingrédients

POUR 2 PERSONNES

6 feuilles de chou vert

Pour la farce :
30 ml (2 c. à soupe) d'huile d'olive
125 ml (1/2 tasse) d'oignons, hachés
125 ml (1/2 tasse) de champignons, tranchés
60 ml (1/4 tasse) de poivron vert, en dés
1 gousse d'ail
250 ml (1 tasse) de riz à grains longs, cuit
60 ml (1/4 tasse) de chapelure de pain
2 blancs d'œufs
2,5 ml (1/2 c. à thé) de basilic séché
Sel et poivre, au goût
250 ml (1 tasse) de tomates, en conserve, broyées
30 ml (2 c. à soupe) de sauce Chili
125 ml (1/2 tasse) de jus de légumes
125 ml (1/2 tasse) de bouillon de bœuf
Sel et poivre, au goût

Préparation

Faites cuire les feuilles de chou dans de l'eau bouillante et retirez la partie dure du centre des feuilles. Égouttez bien. Superposez deux fois 3 feuilles de chou (pour donner 2 cigares). Réservez.

Valeur nutritive
Pour 1 personne
calories............................. 352
protéines........................ 11 g
hydrates de carbone . 46,8 g
matières grasses........ 15,4 g
cholestérol.................... 0 mg
sodium........................... 113 g
fibres.............................. 5,1 g

Pour la farce :

Dans une poêle, déposez l'huile d'olive, les oignons, les champignons, le poivron, l'ail et faites cuire 10 minutes à feu moyen. Déposez dans un bol et ajoutez le riz cuit, la chapelure, les blancs d'œufs et le basilic. Salez et poivrez au goût. Mélangez bien. Garnissez-en les feuilles de chou et roulez-les en cigares. Déposez-les dans un plat allant au four. Ajoutez les tomates, la sauce Chili, le jus de légumes et le bouillon de bœuf. Salez et poivrez au goût. Couvrez et faites cuire 1 1/2 heure au four à 180 °C (350 °F). Servez.

Croustillant aux choux de Bruxelles

Ingrédients

POUR 2 PERSONNES

Pour la pâte :

250 ml (1 tasse) de farine de blé

60 ml (1/4 tasse) de farine blanche tout usage

15 ml (1 c. à soupe) de margarine

125 ml (1/2 tasse) de pommes de terre cuites, refroidies, râpées

45 ml (3 c. à soupe) d'eau froide

1 pincée de sel

Pour la garniture :

250 ml (1 tasse) de choux de Bruxelles, coupés en deux

125 ml (1/2 tasse) de brocoli, en bouquetons

125 ml (1/2 tasse) de maïs en grains, en conserve

125 ml (1/2 tasse) d'oignons rouges, ciselés

Pour la béchamel :

30 ml (2 c. à soupe) d'huile d'olive

15 ml (1 c. à soupe) d'échalote française, hachée

1 gousse d'ail, hachée

30 ml (2 c. à soupe) de farine

250 ml (1 tasse) de lait Carnation, évaporé, écrémé

Sel et poivre, au goût

125 ml (1/2 tasse) de fromage romano pecorino, râpé

2,5 ml (1/2 c. à thé) de persil séché

Valeur nutritive	
Pour 1 personne	
calories	785
protéines	28,9 g
hydrates de carbone	60,9 g
matières grasses	26,3 g
cholestérol	0 mg
sodium	106 g
fibres	5,3 g

Préparation

Pour la pâte :

Dans un bol, mélangez bien les farines, la margarine et les pommes de terre. Ajoutez l'eau froide et le sel. Façonnez une boule de pâte et laissez reposer 1 heure, à la température de la pièce. Avec un rouleau, étendez la pâte et déposez-la dans un plat (allant au four) de 4 cm (1 1/2 po) de hauteur et de 20 cm (8 po) de diamètre.

Pour la garniture :

Faites cuire les choux de Bruxelles et le brocoli dans de l'eau bouillante. Égouttez bien et déposez dans le plat, sur la pâte. Ajoutez le maïs et les oignons.

Pour la béchamel :

Dans un chaudron, faites chauffer l'huile d'olive et faites-y revenir, à feu moyen, l'échalote et l'ail. Ajoutez la farine et brassez bien. Ajoutez le lait et laissez épaissir. Salez et poivrez au goût. Versez sur la garniture. Saupoudrez le fromage et persillez. Faites cuire 30 minutes au four à 165 °C (325 °F). Servez.

Fettucine au brocoli et au pecorino

Ingrédients

180 g (6 oz) de fettucine
250 ml (1 tasse) de brocoli, en bouquetons
30 ml (2 c. à soupe) d'huile d'olive
125 ml (1/2 tasse) d'oignons rouges, ciselés
125 ml (1/2 tasse) d'échalotes vertes, hachées
2 gousses d'ail
15 ml (1 c. à soupe) de moutarde de Dijon
30 ml (2 c. à soupe) de margarine
5 ml (1 c. à thé) de basilic séché
250 ml (1 tasse) de tomates cerises, coupées en deux
Sel et poivre, au goût

Préparation

Faites cuire les fettucine tel qu'il est indiqué sur l'emballage, avec le brocoli. Rincez à l'eau froide et bien égoutter. Réservez. Dans un chaudron, faites chauffer l'huile et faites-y revenir les oignons, les échalotes et l'ail. Ajoutez la moutarde, la margarine, le basilic, les pâtes et le brocoli et faites réchauffer quelques minutes. Ajoutez les tomates. Salez et poivrez au goût. Servez.

Valeur nutritive	
Pour 1 personne	
calories	602
protéines	16,1 g
hydrates de carbone	76,9 g
matières grasses	26,9 g
cholestérol	0 mg
sodium	317 mg
fibres	6 g

Fougasse tomatée

Ingrédients

Pour la pâte :

30 ml (2 c. à soupe) d'eau chaude

1/2 sachet de levure sèche

2,5 ml (1/2 c. à thé) de sucre

15 ml (1 c. à soupe) d'huile d'olive

30 ml (2 c. à soupe) d'eau tiède

180 ml (3/4 tasse) de farine

1 pincée de sel

1 pincée d'origan

Pour la recette :

15 ml (1 c. à soupe) d'huile d'olive

1 gousse d'ail, hachée

1 tomate moyenne, tranchée

60 ml (1/4 tasse) de fromage romano pecorino, râpé

2,5 ml (1/2 c. à thé) de basilic séché

Préparation

Pour la pâte :

Dans un bol, déposez l'eau chaude, la levure et le sucre. Laissez reposer quelques minutes. Ajoutez l'huile d'olive, l'eau tiède, la farine, le sel et l'origan. Pétrissez la pâte, recouvrez-la d'un linge et laissez-la reposer environ 20 minutes (le temps que la pâte double de volume). Façonnez deux pâtes de 2 cm (3/4 po) d'épaisseur.

Dans un petit bol, mélangez l'huile d'olive et l'ail. Badigeonnez les deux pâtes. Déposez les tranches de tomates, ajoutez le fromage et le basilic. Faites cuire 20 minutes au four à 230 °C (450 °F). Servez.

Valeur nutritive
Pour 1 personne
calories............................ 330
protéines........................ 7,1 g
hydrates de carbone .... 39 g
matières grasses........ 17,2 g
cholestérol.................... 0 mg
sodium........................ 403 mg
fibres............................. 0,8 g

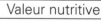

Fusilli aux 2 poivrons

Ingrédients

500 ml (2 tasses) de fusilli
45 ml (3 c. à soupe) d'huile d'olive
125 ml (1/2 tasse) d'oignons, en lanières
1 poivron vert moyen, en lanières
1 poivron rouge moyen, en lanières
2 gousses d'ail, hachées
60 ml (1/4 tasse) de lait Carnation, évaporé, écrémé
Sel et poivre, au goût
2,5 ml (1/2 c. à thé) de ciboulette séchée

Préparation

Faites cuire les pâtes tel qu'il est indiqué sur l'emballage. Rincez à l'eau froide et bien égoutter. Réservez. Dans une poêle, versez l'huile d'olive et faites-y rissoler les oignons, les poivrons et l'ail, et ajoutez le lait. Salez et poivrez au goût. Laissez mijoter 3 ou 4 minutes. Remettez-y les pâtes cuites et laissez chauffer 5 minutes en brassant régulièrement. Déposez dans les assiettes et garnissez de ciboulette. Servez.

Valeur nutritive	
Pour 1 personne	
calories	1088
protéines	32,5 g
hydrates de carbone	183,6 g
matières grasses	24,7 g
cholestérol	0 mg
sodium	59 mg
fibres	7,7 g

Hamburger spécial

POUR 2 PERSONNES

Ingrédients

250 ml (1 tasse) de fèves rouges,
en conserve, égouttées

125 ml (1/2 tasse) de pois chiches, en conserve, égouttés

15 ml (1 c. à soupe) d'échalote française, hachée

125 ml (1/2 tasse) de champignons blancs, tranchés

60 ml (1/4 tasse) d'oignons rouges, tranchés

1 gousse d'ail

15 ml (1 c. à soupe) de vinaigre de vin rouge

15 ml (1 c. à soupe) de cassonade

15 ml (1 c. à soupe) de farine de blé

1 ml (1/4 c. à thé) de poudre de Chili

30 ml (2 c. à soupe) d'huile d'olive

2 pains kaiser au sésame

Préparation

Dans un robot culinaire, déposez les fèves rouges, les pois chiches, l'échalote, les champignons, les oignons et l'ail. Réduisez en une purée épaisse. Ajoutez le vinaigre, la cassonade, la farine et la poudre de Chili. Réduisez en pâte. Avec les mains enfarinées, façonnez deux galettes. Dans une poêle, faites chauffer l'huile d'olive et faites-y cuire les galettes quelques minutes de chaque côté. Déposez dans les pains chauds. Garnissez au choix. Servez.

Valeur nutritive
Pour 1 personne
calories.............................. 410
protéines...................... 11,7 g
hydrates de carbone . 55,8 g
matières grasses........ 16,4 g
cholestérol..................... 0 mg
sodium............................ 62 g
fibres.............................. 10,3g

Jalousie aux raisins et aux poireaux

Ingrédients

3 feuilles de pâte filo
15 ml (1 c. à soupe) de margarine fondue

Pour la garniture :
60 ml (1/4 tasse) de lentilles
5 ml (1 c. à thé) ou 1 cube de bouillon de légumes
15 ml (1 c. à soupe) d'huile d'olive
125 ml (1/2 tasse) de poireau, en rondelles
1 gousse d'ail, hachée
125 ml (1/2 tasse) de champignons blancs, tranchés
5 ml (1 c. à thé) d'herbes de Provence
60 ml (1/4 tasse) de noix, hachées
60 ml (1/4 tasse) de raisins secs
15 ml (1 c. à soupe) de chapelure
1 blanc d'œuf battu
Sel et poivre, au goût

Préparation

Badigeonnez toutes les feuilles de pâte filo avec la margarine fondue. Pliez 2 feuilles de pâte filo en deux et déposez-les dans une assiette à tarte de 20 cm (8 po). Coupez la dernière feuille de pâte filo en lanières (pour le dessus de la jalousie). Réservez.

Valeur nutritive
Pour 1 personne
calories.............................. 601
protéines...................... 16,8 g
hydrates de carbone . 69,3 g
matières grasses........ 28,8 g
cholestérol.................... 0 mg
sodium............................ 85 g
fibres.............................. 9,1 g

Pour la garniture :

Dans un chaudron, déposez les lentilles et couvrez-les d'eau froide. Portez à ébullition, baissez le feu et ajoutez le bouillon de légumes. Faites mijoter 20 minutes.

Dans une poêle, faites chauffer l'huile d'olive et faites-y revenir le poireau et l'ail. Ajoutez les champignons et les herbes de Provence, puis faites cuire 5 minutes. Retirez du feu et ajoutez les lentilles, les noix, les raisins, la chapelure et l'œuf battu. Salez et poivrez au goût. Brassez bien et déposez dans l'assiette à tarte. Disposez les lanières de pâte filo sur le dessus. Faites cuire 15 minutes au four à 180 °C (350 °F). Servez.

Lasagne aux légumes verts

Ingrédients

6 pâtes à lasagne, coupée en deux

Pour la sauce :

250 ml (1 tasse) de jus de légumes
125 ml (1/2 tasse) de pâte de tomates
125 ml (1/2 tasse) de poivron vert, en dés
125 ml (1/2 tasse) de brocoli, en bouquetons
125 ml (1/2 tasse) de choux de Bruxelles, coupés en deux
125 ml (1/2 tasse) d'échalotes vertes, hachées
60 ml (1/4 tasse) de pois mange-tout
60 ml (1/4 tasse) de céleri, haché
2,5 ml (1/2 c. à thé) d'origan
2,5 ml (1/2 c. à thé) de basilic séché
2,5 ml (1/2 c. à thé) de persil séché
Sel et poivre, au goût
125 ml (1/2 tasse) de fromage romano pecorino, râpé

Préparation

Faites cuire les pâtes tel qu'il est indiqué sur l'emballage. Rincez à l'eau froide et bien égoutter. Réservez.

Pour la sauce :

Dans un chaudron, mélangez bien le jus de légumes et la pâte de tomates. Ajoutez le poivron, le brocoli, les choux de Bruxelles, les échalotes, les pois mange-tout et le céleri. Faites cuire jusqu'à épaississement. Ajoutez l'origan, le basilic, le persil, salez et poivrez au goût.

Valeur nutritive	
Pour 1 personne	
calories	523
protéines	20,1 g
hydrates de carbone	91,7 g
matières grasses	7,5 g
cholestérol	0 mg
sodium	89 g
fibres	10 g

Dans un plat allant au four, alternez les rangées de sauce et les rangées de pâtes, en terminant avec la sauce. Saupoudrez le fromage et faites cuire au four à 180 °C (350 °F) jusqu'à ce que le fromage soit doré (environ 30 minutes). Laissez reposer 10 minutes avant de servir.

Lentilles tièdes aux piments doux

POUR
2
PERSONNES

Ingrédients

125 ml (1/2 tasse) de lentilles blondes
60 ml (1/4 tasse) de poivron vert, en dés
60 ml (1/4 tasse) de poivron rouge, en dés
60 ml (1/4 tasse) de céleri, en dés
60 ml (1/4 tasse) d'oignons, en dés
125 ml (1/2 tasse) de tomates, en dés
1 gousse d'ail, hachée
15 ml (1 c. à soupe) de jus de citron
15 ml (1 c. à soupe) d'huile d'olive
1 ml (1/4 c. à thé) de poivre noir
4 feuilles de laitue

Préparation

Faites cuire les lentilles tel qu'il est indiqué sur l'emballage. Égouttez bien. Déposez dans un saladier. Ajoutez tous les légumes, l'ail, le jus de citron, l'huile d'olive et le poivre. Déposez sur les feuilles de laitue. Servez.

Valeur nutritive	
Pour 1 personne	
calories	246
protéines	12,4 g
hydrates de carbone	35,1 g
matières grasses	7,2 g
cholestérol	0 mg
sodium	38 mg
fibres	11,3 g

Linguini arrabiata

POUR 2 PERSONNES

Ingrédients

180 g (6 oz) (une poignée de 4 cm
   [1 1/2 po] de largeur) de linguini
15 ml (1 c. à soupe) d'huile d'olive
15 ml (1 c. à soupe) d'échalote française, hachée
1 gousse d'ail, hachée
30 ml (2 c. à soupe) de vin blanc sec
250 ml (1 tasse) de tomates, en conserve, broyées, avec leur jus
2,5 ml (1/2 c. à thé) de piment broyé
2,5 ml (1/2 c. à thé) de basilic séché
Sel et poivre, au goût
5 ml (1 c. à thé) de persil séché

Préparation

Faites cuire les pâtes tel qu'il est indiqué sur l'emballage. Rincez à l'eau froide et bien égoutter. Réservez. Dans un chaudron, faites chauffer l'huile d'olive et faites-y revenir l'échalote et l'ail. Ajoutez le vin blanc, les tomates et leur jus, le piment et le basilic. Salez et poivrez au goût. Faites chauffer quelques minutes. Ajoutez les pâtes cuites et mélangez bien. Déposez dans les assiettes et persillez. Servez.

Valeur nutritive
Pour 1 personne
calories.............................. 428
protéines...................... 12,2 g
hydrates de carbone . 73,5 g
matières grasses.......... 8,4 g
cholestérol.................... 0 mg
sodium .... 300 mg
fibres.................................. 4 g

Mafaldine de courgettes

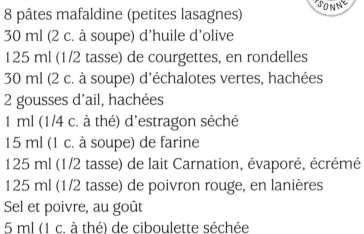

POUR 2 PERSONNES

Ingrédients

8 pâtes mafaldine (petites lasagnes)
30 ml (2 c. à soupe) d'huile d'olive
125 ml (1/2 tasse) de courgettes, en rondelles
30 ml (2 c. à soupe) d'échalotes vertes, hachées
2 gousses d'ail, hachées
1 ml (1/4 c. à thé) d'estragon séché
15 ml (1 c. à soupe) de farine
125 ml (1/2 tasse) de lait Carnation, évaporé, écrémé
125 ml (1/2 tasse) de poivron rouge, en lanières
Sel et poivre, au goût
5 ml (1 c. à thé) de ciboulette séchée

Préparation

Faites cuire les mafaldines tel qu'il est indiqué sur l'emballage. Rincez à l'eau froide et bien égoutter. Réservez. Dans une grande poêle, faites chauffer l'huile d'olive et faites-y rissoler les courgettes, les échalotes et l'ail. Ajoutez l'estragon. Saupoudrez la farine et brassez bien. Ajoutez le lait et laissez épaissir. Ajoutez le poivron et les mafaldines, salez et poivrez au goût, et faites chauffer quelques minutes. Déposez dans les assiettes et garnissez de ciboulette. Servez.

Valeur nutritive
Pour 1 personne
calories............................ 622
protéines .... 19,8 g
hydrates de carbone .. 100 g
matières grasses........ 15,9 g
cholestérol.................... 0 mg
sodium .... 92 mg
fibres............................. 3,9 g

Méli-mélo de fruits et légumes

Ingrédients

Pour la vinaigrette :
45 ml (3 c. à soupe) de jus de pomme
10 ml (2 c. à thé) de vinaigre balsamique
30 ml (2 c. à soupe) de sauce soya
2 gouttes de Tabasco
2,5 ml (1/2 c. à thé) de persil séché
2,5 ml (1/2 c. à thé) de romarin séché
Sel et poivre, au goût
60 ml (1/4 tasse) d'huile d'olive

Pour la recette :
500 ml (2 tasses) de riz à grains longs
125 ml (1/2 tasse) de poivron jaune, en dés
125 ml (1/2 tasse) de poivron rouge, en dés
125 ml (1/2 tasse) d'oignons, en dés
125 ml (1/2 tasse) de céleri, en dés
125 ml (1/2 tasse) de tomates, en dés
60 ml (1/4 tasse) de concombre, en dés
125 ml (1/2 tasse) de pomme verte, pelée, en morceaux
125 ml (1/2 tasse) de pêches, pelées, en morceaux
60 ml (1/4 tasse) de raisins secs

Valeur nutritive	
Pour 1 personne	
calories	182
protéines	14,4 g
hydrates de carbone	178 g
matières grasses	32,5 g
cholestérol	0 mg
sodium	947 mg
fibres	9,2 g

Préparation

Pour la vinaigrette :
Dans un bol, mélangez tous les ingrédients de la vinaigrette, sauf l'huile d'olive. Fouettez vigoureusement. Ajoutez l'huile d'olive en filet en fouettant vigoureusement.

Faites cuire le riz tel qu'il est indiqué sur l'emballage et déposez-le dans un saladier. Ajoutez tous les fruits et les légumes. Versez-y la vinaigrette et mélangez bien. Réfrigérez 1 heure. Servez.

Omelette chinoise

Ingrédients

30 ml (2 c. à soupe) d'huile d'olive

125 ml (1/2 tasse) de champignons, tranchés

125 ml (1/2 tasse) de poivron vert, en lanières

125 ml (1/2 tasse) de poivron rouge, en lanières

125 ml (1/2 tasse) d'oignons, ciselés

125 ml (1/2 tasse) de mini-épis de maïs, en conserve,
    coupés en deux

125 ml (1/2 tasse) de choux de Bruxelles, coupés en deux

60 ml (1/4 tasse) de céleri, biseauté

125 ml (1/2 tasse) de tomates, en conserve, avec leur jus

30 ml (2 c. à soupe) de sauce soya

4 blancs d'œufs

Préparation

Dans une poêle, faites chauffer l'huile d'olive, ajoutez les champignons, les poivrons, les oignons, les mini-épis de maïs, les choux de Bruxelles et le céleri. Faites cuire 15 minutes, à feu moyen. Ajoutez les tomates et la sauce soya. Faites chauffer 5 minutes. Ajoutez les blancs d'œufs en brassant bien pour les cuire. Servez.

Valeur nutritive
Pour 1 personne
calories.............................. 231
protéines........................ 10 g
hydrates de carbone .... 15 g
matières grasses........... 15 g
cholestérol..................... 0 mg
sodium........................... 105 g
fibres.............................. 5,9 g

Pain de légumes gourmet

Ingrédients

Pour le pain de légumes :
125 ml (1/2 tasse) de carottes, râpées
60 ml (1/4 tasse) d'oignons, hachés
60 ml (1/4 tasse) de poivron vert, en dés
60 ml (1/4 tasse) de céleri, en dés
60 ml (1/4 tasse) de champignons
90 ml (1/3 tasse) de millet cuit
90 ml (1/3 tasse) de gruau
125 ml (1/2 tasse) de farine de blé entier
30 ml (2 c. à soupe) de chapelure de pain
60 ml (1/4 tasse) d'huile d'olive
2 blancs d'œufs, légèrement battus
15 ml (1 c. à soupe) de sauce soya
15 ml (1 c. à soupe) de sauce Chili
15 ml (1 c. à soupe) de ketchup
1 ml (1/4 c. à thé) de basilic séché
1 ml (1/4 c. à thé) de quatre-épices
Sel et poivre, au goût

Pour la sauce :
30 ml (2 c. à soupe) d'huile d'olive
125 ml (1/2 tasse) d'oignons, hachés
2 gousses d'ail, hachées
250 ml (1 tasse) de tomates, en
    conserve, en dés
2,5 ml (1/2 c. à thé) de basilic séché
2,5 ml (1/2 c. à thé) de persil séché
Sel et poivre, au goût

Valeur nutritive	
Pour 1 personne	
calories	822
protéines	20,2 g
hydrates de carbone	65 g
matières grasses	45,5 g
cholestérol	0 mg
sodium	945 g
fibres	9,9 g

Préparation

Pour le pain de légumes :
Mélangez bien tous les ingrédients du pain de légumes. Déposez dans un plat allant au four et faites cuire 1 heure au four à 165 °C (325 °F). Coupez en tranches.

Pour la sauce :
Dans un chaudron, faites chauffer l'huile d'olive, les oignons et l'ail. Ajoutez les tomates, le basilic et le persil. Salez et poivrez au goût. Faites cuire 30 minutes à feu doux. Versez sur les tranches de pain de légumes. Servez.

Palourdes à la grecque

Ingrédients

POUR 2 PERSONNES

15 ml (1 c. à soupe) d'huile d'olive
125 ml (1/2 tasse) d'oignons rouges, en rondelles
125 ml (1/2 tasse) de poivron vert, en lanières
1 gousse d'ail, hachée
2 tomates moyennes, tranchées
1 citron, tranché
60 ml (1/4 tasse) d'olives noires, tranchées
60 ml (1/4 tasse) de vin blanc
60 ml (1/4 tasse) de jus de légumes
250 ml (1 tasse) de palourdes, en conserve
2,5 ml (1/2 c. à thé) de persil séché
Sel et poivre, au goût

Préparation

Dans une poêle, faites chauffer l'huile d'olive et faites-y revenir les oignons et le poivron. Ajoutez l'ail, les tomates, le citron, les olives noires, le vin et le jus de légumes. Couvrez et faites chauffer 10 minutes à feu moyen. Ajoutez les palourdes et le persil. Salez et poivrez au goût et continuez de faire chauffer 4 minutes. Servez.

Valeur nutritive	
Pour 1 personne	
calories	202
protéines	10,5 g
hydrates de carbone	24,5 g
matières grasses	10,1 g
cholestérol	0 mg
sodium	848 mg
fibres	2,7 g

Papillotes de poireaux et de carottes

POUR 2 PERSONNES

Ingrédients

3 feuilles de pâte filo
15 ml (1 c. à soupe) de margarine, fondue

Pour la garniture :
30 ml (2 c. à soupe) d'huile d'olive
250 ml (1 tasse) de poireaux, en rondelles
125 ml (1/2 tasse) de carottes, en rondelles
125 ml (1/2 tasse) de champignons blancs, tranchés
1 gousse d'ail, hachée
5 ml (1 c. à thé) de vinaigre de vin blanc
Sel et poivre, au goût

Pour la sauce :
30 ml (2 c. à soupe) de margarine
125 ml (1/2 tasse) d'oignons, hachés
2 gousses d'ail
30 ml (2 c. à soupe) de farine
125 ml (1/2 tasse) de lait Carnation, évaporé, écrémé
Sel et poivre, au goût

Préparation

Coupez les feuilles de pâte filo en deux. Badigeonnez-les avec la margarine fondue. Doublez-les. Réservez.

Valeur nutritive	
Pour 1 personne	
calories	549
protéines	10,7 g
hydrates de carbone	55,9 g
matières grasses	30,9 g
cholestérol	0 mg
sodium	460 mg
fibres	3,5 g

Pour la garniture :

Dans une poêle, déposez l'huile d'olive, les poireaux, les carottes, les champignons et l'ail. Faites cuire 10 minutes. Déglacez avec le vin blanc. Salez et poivrez au goût. Déposez au centre de la pâte filo et refermez celle-ci sur le dessus, en papillotes. Faites cuire 15 minutes au four à 180 °C (350 °F).

Pour la sauce :

Dans un chaudron, faites chauffer la margarine et faites-y rissoler les oignons et l'ail. Ajoutez la farine et brassez bien. Ajoutez le lait et laissez épaissir. Salez et poivrez au goût. Versez dans les assiettes et déposez-y les papillotes. Servez.

Pâté de millet

POUR
2
PERSONNES

Ingrédients

3 feuilles de pâte filo, coupées en deux
30 ml (2 c. à soupe) de margarine fondue

Pour la garniture :
125 ml (1/2 tasse) de millet, cuit
125 ml (1/2 tasse) de gruau
60 ml (1/4 tasse) de farine de blé
125 ml (1/2 tasse) de carottes, râpées
60 ml (1/4 tasse) de champignons, hachés
60 ml (1/4 tasse) d'oignons, hachés
2 blancs d'œufs
125 ml (1/2 tasse) d'huile d'olive
1 gousse d'ail, hachée
15 ml (1 c. à soupe) de sauce soya
2,5 ml (1/2 c. à thé) d'origan
2,5 ml (1/2 c. à thé) de quatre-épices
Sel et poivre, au goût

Préparation

Badigeonnez toutes les feuilles de pâte filo avec la margarine fondue. Déposez 4 feuilles de pâte filo dans une assiette à tarte de 20 cm (8 po). Réservez.

Pour la garniture :
Dans un bol, mélangez bien tous les ingrédients de la garniture. Déposez dans l'assiette à tarte. Repliez la pâte filo sur la garniture et déposez les 2 feuilles de pâte filo restantes sur le dessus. Faites cuire 30 minutes au four à 165 °C (325 °F). Servez.

Valeur nutritive	
Pour 1 personne	
calories	1252
protéines	25,6 g
hydrates de carbone	112,3 g
matières grasses	73,1 g
cholestérol	0 mg
sodium	82 g
fibres	12,8 g

Pâté parmentier et épinards

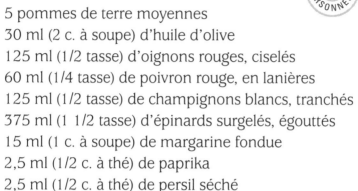

POUR 2 PERSONNES

Ingrédients

5 pommes de terre moyennes

30 ml (2 c. à soupe) d'huile d'olive

125 ml (1/2 tasse) d'oignons rouges, ciselés

60 ml (1/4 tasse) de poivron rouge, en lanières

125 ml (1/2 tasse) de champignons blancs, tranchés

375 ml (1 1/2 tasse) d'épinards surgelés, égouttés

15 ml (1 c. à soupe) de margarine fondue

2,5 ml (1/2 c. à thé) de paprika

2,5 ml (1/2 c. à thé) de persil séché

Préparation

Faites cuire les pommes de terre et réduisez-les en purée. Réservez. Dans une poêle, faites chauffer l'huile d'olive et faites-y revenir les oignons, le poivron et les champignons. Réservez. Dans un plat allant au four, déposez la moitié des épinards, ajoutez les légumes puis le reste des épinards. Recouvrez de pommes de terre en purée et versez-y la margarine. Saupoudrez-y le paprika et le persil. Faites cuire 20 minutes au four à 180 °C (350 °F).

Valeur nutritive
Pour 1 personne
calories............................ 452
protéines...................... 11,2 g
hydrates de carbone . 60,1 g
matières grasses........ 19,9 g
cholestérol.................... 0 mg
sodium........................ 432 mg
fibres............................. 8,8 g

Penne rigate sauce rosée

Ingrédients

500 ml (2 tasses) de penne rigate

Pour la sauce :

30 ml (2 c. à soupe) d'huile d'olive

125 ml (1/2 tasse) d'oignons, en dés

2 gousses d'ail, hachées

5 ml (1 c. à thé) de basilic séché

5 ml (1 c. à thé) de persil séché

750 ml (3 tasses) de tomates, en conserve, en dés,
    avec leur jus

125 ml (1/2 tasse) de lait Carnation, évaporé, écrémé

Sel et poivre, au goût

Préparation

Faites cuire les pennes tel qu'il est indiqué sur l'emballage.
Égouttez-les et remettez-les dans leur chaudron.

Pour la sauce :

Dans une poêle, versez l'huile d'olive et faites-y revenir (ne pas
faire rôtir) les oignons, l'ail, le basilic et le persil. Ajoutez les
tomates avec leur jus et faites mijoter 20 minutes à feu doux.
Ajoutez le lait évaporé et laissez mijoter 5 minutes. Salez et
poivrez au goût. Versez sur les pâtes et
faites chauffer quelques minutes, à feu
doux, en remuant délicatement. Servez.

Valeur nutritive	
Pour 1 personne	
calories	1410
protéines	37 g
hydrates de carbone	195,4 g
matières grasses	17,7 g
cholestérol	0 mg
sodium	668 mg
fibres	9,6 g

Persillade de légumes

POUR 2 PERSONNES

Ingrédients

45 ml (3 c. à soupe) d'huile d'olive
125 ml (1/2 tasse) d'oignons rouges, ciselés
125 ml (1/2 tasse) de champignons, tranchés
250 ml (1 tasse) de courgettes, en bâtonnets
1 tomate moyenne, en dés
1 pomme verte, en dés
125 ml (1/2 tasse) de croûtons, en dés
60 ml (1/4 tasse) de noix de Grenoble, hachées
15 ml (1 c. à soupe) de jus de citron
5 ml (1 c. à thé) de persil séché
Sel et poivre, au goût
4 feuilles de laitue

Préparation

Dans une poêle, faites chauffer l'huile d'olive et faites-y revenir les oignons, les champignons, les courgettes, la tomate et la pomme, 15 minutes, à feu moyen. Ajoutez les croûtons, les noix et le jus de citron. Persillez, salez et poivrez au goût. Déposez sur les feuilles de laitue. Servez.

Valeur nutritive
Pour 1 personne
calories.............................. 500
protéines....................... 6,7 g
hydrates de carbone . 36,1 g
matières grasses........ 39,7 g
cholestérol.................... 0 mg
sodium........................... 29 g
fibres............................... 7 g

Pétoncles aux agrumes

Ingrédients

POUR
2
PERSONNES

30 ml (2 c. à soupe) d'huile d'olive

30 ml (2 c. à soupe) d'échalote française,
hachée finement

125 ml (1/2 tasse) de champignons, tranchés

250 ml (1 tasse) de gros pétoncles crus

60 ml (1/4 tasse) de jus d'orange

60 ml (1/4 tasse) de jus de pamplemousse

1 ml (1/4 c. à thé) d'estragon séché

Sel et poivre, au goût

125 ml (1/2 tasse) de suprêmes d'orange

180 ml (3/4 tasse) de suprêmes de pamplemousse

Préparation

Dans une poêle, faites chauffer l'huile d'olive et faites-y revenir l'échalote et les champignons. Ajouter les pétoncles. Cuisez 2 minutes à feu vif. Éteignez le feu et déglacez avec les jus d'orange et de pamplemousse. Ajoutez l'estragon. Salez et poivrez au goût. Déposez dans les assiettes, et décorez avec les suprêmes d'orange et de pamplemousse. Servez.

Valeur nutritive

Pour 1 personne	
calories	184
protéines	2,4 g
hydrates de carbone	15,1 g
matières grasses	14,3 g
cholestérol	0 mg
sodium	3 mg
fibres	3 g

Pétoncles aux raisins verts

Ingrédients

POUR 2 PERSONNES

30 ml (2 c. à soupe) d'huile d'olive

125 ml (1/2 tasse) d'oignons, hachés finement

250 ml (1 tasse) de gros pétoncles crus

60 ml (1/4 tasse) de jus d'orange

15 ml (1 c. à soupe) de jus de citron

60 ml (1/4 tasse) d'eau

5 ml (1 c. à thé) de miel liquide

2,5 ml (1/2 c. à thé) de moutarde de Dijon

125 ml (1/2 tasse) de raisins verts (sans pépins),
  coupés en deux

2,5 ml (1/2 c. à thé) de fécule de maïs

Sel et poivre, au goût

Préparation

Dans une poêle, faites chauffer l'huile d'olive et faites-y revenir les oignons. Ajoutez les pétoncles et laissez cuire quelques minutes. Déglacez avec le jus d'orange, le jus de citron et l'eau. Ajoutez le miel, la moutarde et les raisins verts. Épaississez légèrement avec la fécule de maïs. Salez et poivrez au goût. Servez.

Valeur nutritive	
Pour 1 personne	
calories	191
protéines	1,6 g
hydrates de carbone	17,1 g
matières grasses	14,3 g
cholestérol	0 mg
sodium	33 mg
fibres	2,3 g

Pizza jardinière de riz

Donne 1 pizza de 25 cm (10 po)

POUR 2 PERSONNES

Ingrédients

Pour la pâte à pizza :
250 ml (1 tasse) de riz cuit
1 blanc d'œuf
60 ml (1/4 tasse) de fromage romano pecorino, râpé

Pour la sauce tomate :
15 ml (1 c. à soupe) d'huile d'olive
250 ml (1 tasse) de tomates, en conserve, avec leur jus
60 ml (1/4 tasse) d'oignons, hachés
125 ml (1/2 tasse) de pâte de tomates
1 gousse d'ail, hachée
2,5 ml (1/2 c. à thé) d'origan
Sel et poivre, au goût

Pour la garniture :
60 ml (1/4 tasse) de courgettes, en rondelles
60 ml (1/4 tasse) d'oignons, ciselés
60 ml (1/4 tasse) de brocoli, en bouquetons
60 ml (1/4 tasse) de chou-fleur, en bouquetons
60 ml (1/4 tasse) de poivron rouge, en lanières
60 ml (1/4 tasse) de champignons blancs, tranchés
1 tomate, tranchée
250 ml (1 tasse) de fromage romano pecorino, râpé
5 ml (1 c. à thé) de persil séché

Valeur nutritive
Pour 1/2 pizza
calories.............................. 433
protéines...................... 17,9 g
hydrates de carbone . 36,4 g
matières grasses........ 22,7 g
cholestérol.................... 0 mg
sodium.......................... 135 g
fibres.............................. 6,5 g

Préparation

Pour la pâte à pizza :

Dans un bol, mélangez bien le riz cuit, le blanc d'œuf et le fromage, et tassez bien. Étendez sur une plaque et faites cuire 10 minutes au four à 180 °C (350 °F). Réservez.

Pour la sauce tomate :

Passez tous les ingrédients de la sauce au robot. Étendez sur la pâte à pizza. Garnissez de tous les légumes. Ajoutez le fromage et persillez. Faites cuire 20 minutes au four à 180 °C (350 °F). Servez.

Pizza pita aux palourdes

Ingrédients

2 pains pita
125 ml (1/2 tasse) de salsa moyenne
250 ml (1 tasse) de palourdes, en conserve, égouttées
125 ml (1/2 tasse) de fromage romano pecorino, râpé
60 ml (1/4 tasse) de champignons blancs, tranchés
60 ml (1/4 tasse) de poivron rouge, en lanières
1 ml (1/4 c. à thé) d'origan

Préparation

Étendez la salsa sur les pains pita. Ajoutez les palourdes. Saupoudrez le fromage. Décorez avec les champignons et le poivron. Saupoudrez l'origan. Faites cuire 20 minutes au four à 180 °C (350 °F). Servez.

Valeur nutritive
Pour 1 personne
calories.............................. 296
protéines...................... 17,2 g
hydrates de carbone . 38,2 g
matières grasses.......... 6,5 g
cholestérol.................... 0 mg
sodium.......................... 162 g
fibres.............................. 2,3 g

Poivrons verts farcis parmentier

POUR
2
PERSONNES

Ingrédients

4 poivrons verts

30 ml (2 c. à soupe) d'huile d'olive

125 ml (1/2 tasse) d'oignons, hachés

60 ml (1/4 tasse) de céleri, en dés

60 ml (1/4 tasse) de carottes, en dés

60 ml (1/4 tasse) de champignons blancs, tranchés

4 pommes de terre moyennes, en dés

1 gousse d'ail, hachée

250 ml (1 tasse) de tomates, en dés, en conserve, avec leur jus

2,5 ml (1/2 c. à thé) d'origan

2,5 ml (1/2 c. à thé) de persil séché

Sel et poivre, au goût

375 ml (1 1/2 tasse) de jus de légumes

Préparation

Coupez la tête des poivrons et videz-les. Déposez-les dans un plat avec couvercle et allant au four. Réservez. Dans un chaudron, faites chauffer l'huile d'olive et faites-y rissoler pendant 5 ou 6 minutes, à feu moyen, les oignons, le céleri, les carottes, les champignons, les pommes de terre et l'ail. Ajoutez les tomates, l'origan et le persil. Salez et poivrez au goût et laissez mijoter 10 minutes. Remplissez les poivrons et ajoutez le jus de légumes. Couvrez et faites cuire 1 heure au four à 180 °C (350 °F). Servez.

Valeur nutritive	
Pour 1 personne	
calories	412
protéines	8,2 g
hydrates de carbone	66,3 g
matières grasses	14,4 g
cholestérol	0 mg
sodium	54 g
fibres	9,8 g

Riz sauce aux champignons

Ingrédients

POUR 2 PERSONNES

250 ml (1 tasse) de riz à grains longs
30 ml (2 c. à soupe) d'huile d'olive
125 ml (1/2 tasse) de champignons blancs, tranchés
125 ml (1/2 tasse) de pleurotes, tranchés
125 ml (1/2 tasse) de courgettes, en dés
125 ml (1/2 tasse) de poivron rouge, en dés
60 ml (1/4 tasse) d'oignons, en dés
60 ml (1/4 tasse) de carottes, en dés
1 gousse d'ail
125 ml (1/2 tasse) de bouillon de bœuf
Sel et poivre, au goût
2,5 ml (1/2 c. à thé) de persil séché

Préparation

Faites cuire le riz tel qu'il est indiqué sur l'emballage. Réservez. Dans une poêle, faites chauffer l'huile et faites-y revenir les champignons, les pleurotes, les courgettes, le poivron, les oignons, les carottes et l'ail. Ajoutez le bouillon de bœuf et faites mijoter 15 minutes. Ajoutez le riz et mélangez bien. Salez et poivrez au goût. Déposez dans les assiettes et saupoudrez le persil. Servez.

Valeur nutritive
Pour 1 personne
calories.............................. 460
protéines......................... 9 g
hydrates de carbone . 77,8 g
matières grasses........ 16,3 g
cholestérol.................... 0 mg
sodium.......................... 48 mg
fibres.............................. 4,1 g

Roulades aux asperges

POUR **2** PERSONNES

Ingrédients

4 blancs d'œufs
4 × 2,5 ml (1/2 c. à thé) d'huile d'olive
Sel et poivre, au goût
12 asperges, en conserve, égouttées
15 ml (1 c. à soupe) de sauce à salade légère

Pour la sauce :
250 ml (1 tasse) de lait Carnation, évaporé, écrémé
30 ml (2 c. à soupe) de farine
0,5 ml (1/8 c. à thé) de muscade moulue
60 ml (1/4 tasse) de fromage romano pecorino, râpé
Sel et poivre, au goût

Préparation

Dans un plat, brassez légèrement 1 blanc d'œuf. Dans une poêle, faites chauffer 2,5 ml d'huile d'olive et faites-y cuire l'œuf, comme pour une crêpe. Salez et poivrez au goût. Répétez l'opération pour les 4 blancs d'œufs. Déposez 3 asperges sur chaque œuf, tartinez de sauce à salade et roulez-le. Déposez-les dans un plat allant au four.

Pour la sauce :

Dans un petit chaudron, versez le lait, puis la farine. Brassez bien et portez à ébullition. Ajoutez la muscade et laissez épaissir. Versez sur les rouleaux. Saupoudrez le fromage. Salez et poivrez au goût. Faites cuire quelques minutes au four. Servez.

Valeur nutritive
Pour 1 personne
calories.............................. 289
protéines....................... 19,7 g
hydrates de carbone . 25,9 g
matières grasses........ 10,2 g
cholestérol.................... 0 mg
sodium............................ 92 g
fibres............................... 1 g

Semoule aux légumes verts

Ingrédients

Pour la vinaigrette :
30 ml (2 c. à soupe) de vinaigre blanc
5 ml (1 c. à thé) de jus de citron
2,5 ml (1/2 c. à thé) de sauce Chili
2,5 ml (1/2 c. à thé) de moutarde à l'ancienne
2,5 ml (1/2 c. à thé) de sucre
2,5 ml (1/2 c. à thé) d'origan séché
1 gousse d'ail, hachée
60 ml (1/4 tasse) d'huile d'olive

Pour la recette :
375 ml (1 1/2 tasse) de semoule de blé
60 ml (1/4 tasse) de pois mange-tout
60 ml (1/4 tasse) de haricots verts
60 ml (1/4 tasse) de pois verts surgelés
60 ml (1/4 tasse) d'oignons, hachés
60 ml (1/4 tasse) de poivron vert, en dés
1 tomate, en quartiers
250 ml (1 tasse) de cresson
2,5 ml (1/2 c. à thé) de persil séché
2,5 ml (1/2 c. à thé) de basilic séché
Sel et poivre, au goût

Valeur nutritive	
Pour 1 personne	
calories	756
protéines	19 g
hydrates de carbone	104,5 g
matières grasses	29,8 g
cholestérol	0 mg
sodium	85 mg
fibres	16,6 g

Préparation

Pour la vinaigrette :

Dans un bol, déposez le vinaigre, le jus de citron, la sauce Chili, la moutarde, le sucre, l'origan et l'ail. Bien mélanger. Ajoutez l'huile d'olive en filet, en fouettant vigoureusement.

Faites cuire la semoule tel qu'il est indiqué sur l'emballage. Dans un chaudron, amenez de l'eau à ébullition et faites cuire 5 minutes les pois mange-tout, les haricots, les pois verts, les oignons et le poivron. Égouttez et laissez refroidir. Déposez dans un saladier, ajoutez la semoule, les quartiers de tomate, le cresson, le persil et le basilic. Versez-y la vinaigrette. Salez et poivrez au goût. Servez.

Spaghetti au tofu rôti

POUR 2 PERSONNES

Ingrédients

Pour la marinade :

30 ml (2 c. à soupe) de sauce soya

15 ml (1 c. à soupe) d'huile d'olive

5 ml (1 c. à thé) de miel liquide

125 ml (1/2 tasse) de tofu, en dés de 2 cm (3/4 po)

500 ml (2 tasses) de spaghettinis, cassés en bouts de 8 cm (3 po)

Pour la sauce :

15 ml (1 c. à soupe) d'huile d'olive

125 ml (1/2 tasse) de poireaux, ciselés

125 ml (1/2 tasse) de poivron rouge, en lanières

125 ml (1/2 tasse) de poivron vert, en lanières

30 ml (2 c. à soupe) d'échalotes vertes, hachées

1 ml (1/4 c. à thé) de gingembre séché

Sel et poivre, au goût

Préparation

Pour la marinade : Dans un bol, mélangez la sauce soya, l'huile d'olive et le miel. Ajoutez le tofu et réfrigérez une demi-heure.

Faites cuire les pâtes tel qu'il est indiqué sur l'emballage. Rincez à l'eau froide et bien égoutter. Réservez.

Retirez les dés de tofu de la marinade et faites-les rôtir dans une poêle. Conservez. Dans un chaudron, versez l'huile d'olive et faites-y rissoler les poireaux, les poivrons et les échalotes. Ajoutez le gingembre et la marinade et laissez chauffer 5 minutes à feu moyen. Salez et poivrez au goût. Ajoutez le tofu rôti. Versez sur les pâtes. Servez.

Valeur nutritive
Pour 1 personne

calories	1057
protéines	35,1 g
hydrates de carbone	181,8 g
matières grasses	20,7 g
cholestérol	0 mg
sodium	927 mg
fibres	7,9 g

Tacos au tofu épicé

POUR 2 PERSONNES

Ingrédients

4 tacos

15 ml (1 c. à soupe) d'huile d'olive

125 ml (1/2 tasse) de champignons blancs, tranchés

125 ml (1/2 tasse) d'oignons rouges, ciselés

125 ml (1/2 tasse) de poivron rouge, en lanières

30 ml (2 c. à soupe) de piments jalapeno, en dés

Sel et poivre, au goût

Pour le tofu épicé :

15 ml (1 c. à soupe) de margarine

2,5 ml (1/2 c. à thé) de sauce Worchestershire

2,5 ml (1/2 c. à thé) de piment broyé

1 ml (1/4 c. à thé) de poivre de Cayenne

3 gouttes de Tabasco

125 ml (1/2 tasse) de tofu, en dés

Préparation

Dans une poêle, faites chauffer l'huile d'olive et faites-y revenir (sans les colorer) les champignons, les oignons, le poivron et les jalapenos. Déposez dans un plat. Réservez.

Dans la même poêle, déposez la margarine la sauce Worchestershire, le piment broyé, le poivre de Cayenne et le Tabasco et faites-y rôtir, à feu moyen, les dés de tofu, de chaque côté. Remettez les légumes et mélangez bien. Déposez cette préparation dans les tacos et faites-les chauffer 10 minutes au four à 180 °C (350 °F). Servez.

Valeur nutritive	
Pour 1 personne	
calories	187
protéines	6 g
hydrates de carbone	7,7 g
matières grasses	15,6 g
cholestérol	0 mg
sodium	32 g
fibres	2,2 g

Tagliatelles aux pétoncles

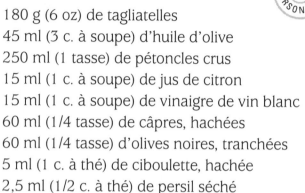

Ingrédients

180 g (6 oz) de tagliatelles
45 ml (3 c. à soupe) d'huile d'olive
250 ml (1 tasse) de pétoncles crus
15 ml (1 c. à soupe) de jus de citron
15 ml (1 c. à soupe) de vinaigre de vin blanc
60 ml (1/4 tasse) de câpres, hachées
60 ml (1/4 tasse) d'olives noires, tranchées
5 ml (1 c. à thé) de ciboulette, hachée
2,5 ml (1/2 c. à thé) de persil séché
Sel et poivre

Préparation

Faites cuire les tagliatelles tel qu'il est indiqué sur l'emballage. Rincez à l'eau froide et bien égoutter. Réservez. Dans un chaudron, faites chauffer l'huile d'olive et cuisez les pétoncles. Déglacez avec le jus de citron et le vinaigre. Ajoutez les câpres et les olives. Ajoutez les pâtes pour les faire réchauffer. Retirez du feu et ajoutez la ciboulette et le persil. Salez et poivrez au goût. Servez.

Valeur nutritive
Pour 1 personne
calories............................. 536
protéines..................... 11,7 g
hydrates de carbone . 68,1 g
matières grasses........ 24,9 g
cholestérol.................... 0 mg
sodium........................... 114 g
fibres.............................. 3,4 g

Torsades délicieuses

POUR
2
PERSONNES

Ingrédients

250 ml (1 tasse) de torsades

60 ml (1/4 tasse) d'huile d'olive

125 ml (1/2 tasse) d'oignons, ciselés

125 ml (1/2 tasse) de poivron rouge, en lanières

125 ml (1/2 tasse) de poivron jaune, en lanières

125 ml (1/2 tasse) de poivron vert, en lanières

125 ml (1/2 tasse) de pleurotes, en lamelles

250 ml (1 tasse) de champignons blancs, tranchés

125 ml (1/2 tasse) de jus de légumes

15 ml (1 c. à soupe) de sauce soya

125 ml (1/2 tasse) de pois chiches, en conserve

60 ml (1/4 tasse) de raisins de Corinthe

2 gousses d'ail, hachées

2,5 ml (1/2 c. à thé) de basilic séché

Sel et poivre, au goût

60 ml (1/4 tasse) d'échalotes vertes, hachées

Préparation

Faites cuite les pâtes tel qu'il est indiqué sur l'emballage. Rincez à l'eau froide et bien égoutter. Réservez. Dans une poêle, faites chauffer l'huile d'olive et faites-y revenir les oignons, les poivrons, les pleurotes et les champignons. Ajoutez le jus de légumes, la sauce soya, les pois chiches et les raisins. Ajoutez les pâtes, le basilic et l'ail et faites chauffer 1 minute. Salez et poivrez au goût. Déposez dans les assiettes et décorez avec les échalotes. Servez.

Valeur nutritive
Pour 1 personne

calories	845
protéines	20,6 g
hydrates de carbone	123,8 g
matières grasses	31,6 g
cholestérol	0 mg
sodium	76 g
fibres	10,8 g

Tourte aux petits légumes

Ingrédients

4 feuilles de pâte filo
30 ml (2 c. à soupe) de margarine fondue

Pour la garniture :
125 ml (1/2 tasse) de mini-carottes, coupées en deux
125 ml (1/2 tasse) de champignons blancs, tranchés
60 ml (1/4 tasse) de pois mange-tout
60 ml (1/4 tasse) de haricots jaunes, coupés en deux
60 ml (1/4 tasse) de poireaux, en rondelles
60 ml (1/4 tasse) de céleri, en dés
60 ml (1/4 tasse) de pommes de terre, en dés
15 ml (1 c. à soupe) d'échalote verte, en rondelles
1 gousse d'ail, hachée
5 ml (1 c. à thé) ou 1 cube de bouillon de légumes

Pour la béchamel :
30 ml (2 c. à soupe) de farine
30 ml (2 c. à soupe) de margarine
250 ml (1 tasse) d'eau de cuisson
125 ml (1/2 tasse) de lait Carnation, évaporé, écrémé
Sel et poivre, au goût

Préparation

Badigeonnez les feuilles de pâtes filo avec la margarine fondue. Disposez-les dans une assiette à tarte de 20 cm (8 po). Gardez les excédents de pâte pour garnir le dessus de la tourte. Réservez.

Valeur nutritive
Pour 1 personne
calories............................... 541
protéines...................... 13,7 g
hydrates de carbone . 66,2 g
matières grasses........ 22,4 g
cholestérol.................... 0 mg
sodium........................... 105 g
fibres.............................. 3,4 g

Pour la garniture :

Déposez tous les ingrédients de la garniture dans un chaudron et couvrez d'eau. Faites cuire les légumes jusqu'à tendreté. Égouttez en gardant 250 ml (1 tasse) d'eau de cuisson.

Pour la béchamel :

Dans un petit bol, brassez bien la farine et la margarine pour en faire une pâte. Réservez.

Dans un chaudron, faites chauffer l'eau de cuisson et le lait, sans les faire bouillir. Retirez du feu et ajoutez le mélange de farine et de margarine. Brassez bien pour épaissir. Salez et poivrez au goût. Ajoutez la garniture et déposez dans l'assiette à tarte. Garnissez avec les excédents de la pâte filo. Faites cuire 20 minutes au four à 180 °C (350 °F). Servez.

Tourte parmentier

Ingrédients

Pour la pâte :
250 ml (1 tasse) de farine
125 ml (1/2 tasse) de margarine
45 ml (3 c. à soupe) d'eau froide
1 pincée de sel

Pour la tourte :
5 pommes de terre moyennes
60 ml (1/4 tasse) d'oignons, en dés
1 gousse d'ail
2,5 ml (1/2 c. à thé) de persil séché
Sel et poivre, au goût
15 ml (1 c. à soupe) de margarine fondue

Préparation

Pour la pâte :
Dans un bol, mélangez bien la farine et la margarine. Ajoutez l'eau et le sel. Façonnez une boule et étendez-la au rouleau à pâte et déposez-la dans un moule à tarte de 20 cm (8 po). Réservez.

Faites cuire les pommes de terre et réduisez-les en purée. Ajoutez les oignons, l'ail et le persil. Salez et poivrez au goût. Déposez dans le moule et badigeonnez de margarine fondue. Faites cuire 20 minutes au four à 200 °C (400 °F). Servez.

Valeur nutritive
Pour 1 personne
calories.............................. 880
protéines........................ 12 g
hydrates de carbone . 98,5 g
matières grasses........ 49,7 g
cholestérol.................... 0 mg
sodium.......................... 63 g
fibres.............................. 4,9 g

Les desserts

Arc-en-ciel de fruits
à l'amaretto

Ingrédients

POUR
2
PERSONNES

30 ml (2 c. à soupe) de margarine

15 ml (1 c. à soupe) de miel liquide

125 ml (1/2 tasse) de bleuets frais

125 ml (1/2 tasse) d'abricots, en conserve

125 ml (1/2 tasse) de fraises fraîches, coupées en deux

60 ml (1/4 tasse) de framboises fraîches

60 ml (1/4 tasse) de poires, en conserve, en demies

30 ml (2 c. à soupe) de crème fouettée Dream Whip
    (sous pression)

28 g (1 oz) d'amaretto

Préparation

Dans une poêle, faites chauffer la margarine et le miel. Ajoutez les fruits et faites caraméliser. Déposez dans les assiettes, ajoutez la crème fouettée sur le dessus et versez-y l'amaretto. Servez.

Valeur nutritive
Pour 1 personne
calories............................. 250
protéines........................ 0,5 g
hydrates de carbone . 28,4 g
matières grasses........ 11,8 g
cholestérol..................... 0 mg
sodium.......................... 120 mg
fibres.............................. 2,6 g

Bananes filo

Ingrédients

4 feuilles de pâte filo
15 ml (1 c. à soupe) de margarine fondue
2 bananes, coupées en deux

Pour la sauce au chocolat :
250 ml (1 tasse) d'eau
125 ml (1/2 tasse) de cassonade
15 ml (1 c. à soupe) de cacao
30 ml (2 c. à soupe) de farine
1 ml (1/4 c. à thé) de vanille

Préparation

Coupez les feuilles de pâte filo en deux et badigeonnez-les de margarine fondue. Superposez les feuilles 2 par 2. Sur chacune, déposez une demi-banane et roulez les feuilles, en repliant les côtés. Répétez pour les trois autres demi-bananes. Faites cuire 10 minutes au four à 200 °C (400 °F).

Pour la sauce au chocolat :
Dans un chaudron, versez l'eau, la cassonade et le cacao et portez à ébullition. Avec un tamis, ajoutez la farine, pour épaissir. Ajoutez la vanille. Versez sur les bananes en pâte. Servez.

Valeur nutritive
Pour 1 personne
calories.............................. 574
protéines .... 7,4 g
hydrates de carbone 122,4 g
matières grasses.......... 6,6 g
cholestérol.................... 0 mg
sodium .... 375 mg
fibres............................. 4,7 g

Boules de neige amandine

Ingrédients

Pour la meringue :

3 blancs d'œufs

30 ml (2 c. à soupe) de sucre

2,5 ml (1/2 c. à thé) d'extrait d'amandes

Pour la recette :

5 ml (1 c. à thé) d'huile d'olive

60 ml (1/4 tasse) d'amandes effilées

180 ml (2/3 tasse) de lait Carnation, évaporé, écrémé

5 ml (1 c. à thé) de cassonade

2,5 ml (1/2 c. à thé) de fécule de maïs

2,5 ml (1/2 c. à thé) de vanille

2,5 ml (1/2 c. à thé) de cannelle

Préparation

Pour la meringue :

Montez les blancs d'œufs en neige. Ajoutez-y graduellement le sucre. Lorsque les blancs d'œufs sont battus fermement, ajoutez l'extrait d'amandes. Gardez au réfrigérateur.

Dans une poêle, faites chauffer l'huile d'olive et faites-y griller délicatement les amandes effilées. Ajoutez le lait, la cassonade et laissez chauffer quelques minutes. Épaississez avec la fécule de maïs. Ajoutez la vanille. Versez dans les assiettes et déposez-y des boules de meringue (façonnées avec une cuillère à crème glacée). Saupoudrez la cannelle. Servez.

Valeur nutritive
Pour 1 personne
calories............................ 304
protéines...................... 16,6 g
hydrates de carbone . 35,2 g
matières grasses........ 11,1 g
cholestérol...................... 0 mg
sodium........................ 245 mg
fibres............................. 2,1 g

Galettes polvorones

Ingrédients

60 ml (1/4 tasse) de sucre

30 ml (2 c. à soupe) de margarine

2 blancs d'œufs

250 ml (1 tasse) de farine

5 ml (1 c. à thé) de poudre à pâte

2,5 ml (1/2 c. à thé) de vanille

15 ml (1 c. à soupe) de sucre à glacer

2,5 ml (1/2 c. à thé) de cannelle

Préparation

Dans un bol, mélangez bien le sucre et la margarine. Ajoutez les blancs d'œufs en brassant. Ajoutez la farine, la poudre à pâte, la vanille et brassez bien. Formez deux galettes. Déposez-les sur une tôle à biscuits. Saupoudrez-les de sucre et de cannelle. Faites cuire 20 minutes au four à 180 °C (350 °F). Servez.

Valeur nutritive	
Pour 1 galette	
calories	445
protéines	9,5 g
hydrates de carbone	78,9 g
matières grasses	11 g
cholestérol	0 mg
sodium	336 mg
fibres	0,3 g

Gâteau fromage et framboises

Ingrédients

Pour la meringue :
2 blancs d'œufs
15 ml (1 c. à soupe) de sucre

Pour le gâteau :
250 ml (1 tasse) de fromage romano pecorino, frais
2,5 ml (1/2 c. à thé) de vanille
30 ml (2 c. à soupe) de miel liquide
250 ml (1 tasse) de framboises

Préparation

Pour la meringue :
Fouettez vigoureusement les blancs d'œufs et ajoutez-y graduellement le sucre. Montez en neige. Réservez.

Dans un bol, défaites le romano à la cuillère. Ajoutez la meringue, la vanille, le miel et la moitié des framboises. Déposez dans deux ramequins et faites cuire 20 minutes à 180 °C (350 °F). Démoulez. Décorez de l'autre moitié des framboises. Servez.

Valeur nutritive
Pour 1 personne
calories.............................. 291
protéines...................... 12,1 g
hydrates de carbone . 30,4 g
matières grasses........ 12,3 g
cholestérol.................... 0 mg
sodium........................... 93 g
fibres............................. 4,2 g

Muffins énergétiques

Ingrédients

60 ml (1/4 tasse) de lait Carnation, évaporé, écrémé

2 blancs d'œufs

60 ml (1/4 tasse) de margarine

60 ml (1/4 tasse) de cassonade

125 ml (1/2 tasse) de farine

1 pincée de sel

2,5 ml (1/2 c. à thé) de levure sèche

30 ml (2 c. à soupe) de chocolat à cuire, semi-sucré, en morceaux hachés grossièrement

125 ml (1/2 tasse) de bananes, en purée

Préparation

Déposez huit petits moules en papier dans un moule à muffins. Dans un bol, fouettez le lait, les blancs d'œufs et la margarine, jusqu'à l'obtention d'un mélange homogène. Ajoutez la cassonade, la farine, le sel, la levure, le chocolat et la purée de bananes. Mélangez bien. Déposez dans les moules de papier et faites cuire 20 minutes dans un four préchauffé à 200 °C (400 °F). Servez.

Valeur nutritive
Pour 1 muffin
calories.............................. 142
protéines........................ 2,2 g
hydrates de carbone . 19,2 g
matières grasses.......... 6,5 g
cholestérol.................... 0 mg
sodium .... 116 mg
fibres............................ 0,8 g

DONNE 8 PETITS MUFFINS

Nid de neige aux framboises

Ingrédients

Pour la meringue :
2 blancs d'œufs
15 ml (1 c. à soupe) de sucre
2,5 ml (1/2 c. à thé) de tartre

Pour le mélange :
250 ml (1 tasse) de framboises entières
15 ml (1 c. à soupe) de sucre
2,5 ml (1/2 c. à thé) de menthe séchée

Préparation

Fouettez vigoureusement les blancs d'œufs et ajoutez-y graduellement le sucre et le tartre. Lorsque la meringue est bien ferme, ajoutez 90 ml (1/3 tasse) de framboises entières et brassez délicatement. Réservez. Dans un bol, déposez 90 ml (1/3 tasse) de framboises et le sucre. Écrasez pour réduire en purée et déposez ce mélange au centre des assiettes. Disposez le reste des framboises tout autour. Déposez la meringue au centre, sur la purée de framboises. Saupoudrez la menthe séchée. Servez.

Valeur nutritive
Pour 1 personne
calories.............................. 96
protéines........................ 4,1 g
hydrates de carbone . 19,6 g
matières grasses.......... 0,3 g
cholestérol.................... 0 mg
sodium.......................... 56 mg
fibres.............................. 4,2 g

Poires et meringue amandine

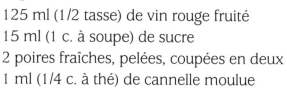

Ingrédients

125 ml (1/2 tasse) de vin rouge fruité

15 ml (1 c. à soupe) de sucre

2 poires fraîches, pelées, coupées en deux

1 ml (1/4 c. à thé) de cannelle moulue

Pour la meringue :

2 blancs d'œufs

15 ml (1 c. à soupe) de sucre

0,5 ml (1/8 c. à thé) de vanille

15 ml (1 c. à soupe) d'amandes effilées

5 ml (1 c. à thé) de sucre à glacer

Préparation

Dans une poêle, faites frémir le vin et le sucre. Ajoutez les demi-poires et la cannelle. Couvrez 10 minutes. Déposez-les sur une plaque allant au four.

Pour la meringue :

Fouettez vigoureusement les blancs d'œufs et ajoutez-y graduellement le sucre et la vanille. Déposez-la sur les poires et garnissez avec les amandes effilées. Faites gratiner au four. Saupoudrez le sucre à glacer. Servez.

Valeur nutritive
Pour 1 personne

calories	241
protéines	5 g
hydrates de carbone	42,2 g
matières grasses	2,7 g
cholestérol	0 mg
sodium	60 mg
fibres	4,6 g

Pouding au riz et à la noix de coco

POUR
2
PERSONNES

Ingrédients

250 ml (1 tasse) de riz à grains longs

125 ml (1/2 tasse) de lait de coco

125 ml (1/2 tasse) de noix de coco, râpée

15 ml (1 c. à soupe) de cassonade pâle

0,5 ml (1/8 c. à thé) de muscade

1 orange, en quartiers

Préparation

Dans un petit chaudron, déposez le riz et ajoutez de l'eau, jusqu'à 1 cm (1/2 po) au-dessus du riz. Portez à ébullition, couvrez et baissez le feu au minimum. Le riz est prêt lorsque l'eau est complètement évaporée (environ 15 minutes). Ajoutez le lait de coco, la noix de coco, la cassonade et la muscade. Chauffez légèrement pendant 5 minutes. Déposez dans les assiettes et décorez avec les quartiers d'orange. Servez.

Valeur nutritive	
Pour 1 personne	
calories	541
protéines	8,3 g
hydrates de carbone	90,1 g
matières grasses	19,8 g
cholestérol	0 mg
sodium	22 mg
fibres	5,5 g

Tartelettes de graham au citron

Ingrédients

Quelques zestes de citron

Pour le fond des tartelettes :

250 ml (1 tasse) de biscuits Graham émiettés

45 ml (3 c. à soupe) de margarine fondue

15 ml (1 c. à soupe) de sucre

2,5 ml (1/2 c. à thé) de quatre-épices

Pour la garniture :

250 ml (1 tasse) de lait Carnation, évaporé, écrémé

125 ml (1/2 tasse) de pouding instantané au citron

Pour la meringue :

2 blancs d'œufs

15 ml (1 c. à soupe) de sucre

5 ml (1 c. à thé) de jus de citron

DONNE 2 TARTELETTES

Préparation

Pour le fond des tartelettes :

Dans un bol, déposez les biscuits Graham émiettés, la margarine, le sucre et les quatre-épices. Mélangez bien. Déposez dans deux assiettes à tarte de 10 cm (4 po). Réservez.

Pour la garniture :

Dans un bol, mélangez le lait et le pouding. Versez sur les fonds de tarte. Réservez.

Pour la meringue :

Fouettez vigoureusement les blancs d'œufs et ajoutez-y graduellement le sucre et le jus de citron. Déposez sur la garniture.

Décorez avec les zestes de citron. Servez.

Valeur nutritive
Pour 1 tartelette
calories.............................. 870
protéines...................... 21,5 g
hydrates de carbone 131,3 g
matières grasses........ 29,8 g
cholestérol..................... 0 mg
sodium........................... 127 g
fibres.............................. 4,1 g

Recettes

à faible taux de

cholestérol

POTAGE

POUR **2** *PERSONNES*

Crème de poireau et de ciboulette

Ingrédients

250 ml (1 tasse) de bouillon de légumes

250 ml (1 tasse) de poireau, en morceaux

60 ml (1/4 tasse) de céleri, en morceaux

60 ml (1/4 tasse) d'oignons, hachés

2 pommes de terre moyennes, en morceaux

30 ml (2 c. à soupe) de vin blanc

60 ml (1/4 tasse) de crème 15 %

Sel et poivre, au goût

5 ml (1 c. à thé) de ciboulette, hachée

Préparation

Dans un chaudron, déposez le bouillon de légumes, le poireau, le céleri, les oignons, les pommes de terre et le vin blanc. Faites mijoter 30 minutes. Passez au robot culinaire jusqu'à l'obtention d'une crème lisse. Redéposez dans le chaudron, à feu doux. Ajoutez la crème 15 %. Salez et poivrez au goût. Versez dans les bols et saupoudrez la ciboulette. Servez.

Valeur nutritive
Pour 1 personne
calories............................. 205
protéines......................... 4,7 g
hydrates de carbone . 32,5 g
matières grasses.......... 6,1 g
cholestérol................... 20 mg
sodium........................ 188 mg
fibres............................. 3,3 g

Soupe de poisson

Ingrédients

15 ml (1 c. à soupe) ou 3 cubes de fumet de poisson
250 ml (1 tasse) d'eau chaude
5 ml (1 c. à thé) de fécule de maïs
30 ml (2 c. à soupe) de crème 35 %
2,5 ml (1/2 c. à thé) de sucre
30 ml (2 c. à soupe) d'huile d'olive
125 ml (1/2 tasse) d'oignons, ciselés
125 ml (1/2 tasse) de poireaux, ciselés
250 ml (1 tasse) de tomates broyées, en conserve
30 ml (2 c. à soupe) de vin blanc
2,5 ml (1/2 c. à thé) d'estragon séché
180 g (6 oz) de filets de turbot, en cubes
Sel et poivre, au goût

Préparation

Dans un bol, faites dissoudre le fumet de poisson dans l'eau chaude. Réservez. Dans un autre bol, mélangez bien la fécule de maïs, la crème 35 % et le sucre. Réservez. Dans un chaudron, faites chauffer l'huile d'olive et faites-y revenir les oignons et les poireaux. Ajoutez les tomates broyées, le vin blanc, l'estragon, le fumet de poisson et faites mijoter 10 minutes. Ajoutez le turbot et faites cuire 10 minutes. Ajoutez le mélange de fécule de maïs et laissez épaissir un peu. Salez et poivrez au goût. Servez.

Valeur nutritive	
Pour 1 personne	
calories.............................	361
protéines......................	15,5 g
hydrates de carbone .	16,4 g
matières grasses........	25,3 g
cholestérol..................	41 mg
sodium..........................	304 g
fibres.............................	3,1 g

Soupe minestrone

Ingrédients

30 ml (2 c. à soupe) d'huile d'olive

125 ml (1/2 tasse) de poireaux, ciselés

125 ml (1/2 tasse) de céleri, biseauté

125 ml (1/2 tasse) de courgettes, en dés

125 ml (1/2 tasse) de chou vert, ciselé

60 ml (1/4 tasse) de haricots blancs, en conserve, égouttés

1 gousse d'ail

125 ml (1/2 tasse) de tomates, en dés, en conserve

5 ml (1 c. à thé) de jus de citron

250 ml (1 tasse) d'eau chaude

125 ml (1/2 tasse) de pâtes alimentaires, cuites

60 ml (1/4 tasse) de jambon cuit, en dés

2 tranches de bacon cuit, émiettées

125 ml (1/2 tasse) de bouillon de bœuf

5 ml (1 c. à thé) de persil séché

Sel et poivre, au goût

Préparation

Dans un chaudron, faites chauffer l'huile d'olive et faites-y revenir les poireaux, le céleri, les courgettes, le chou, les haricots blancs et l'ail. Ajoutez les tomates, le jus de citron, l'eau, les pâtes, le jambon, le bacon, le bouillon de bœuf et le persil. Salez et poivrez au goût. Faites mijoter 30 minutes. Servez.

Valeur nutritive	
Pour 1 personne	
calories	306
protéines	12,7 g
hydrates de carbone	24,2 g
matières grasses	18,6 g
cholestérol	20 mg
sodium	52 g
fibres	4,2 g

Mariage d'asperges et de poulet

Ingrédients

2 tranches de pain, rôties, sans croûte
2 feuilles de laitue
1 tomate moyenne, tranchée
12 pointes d'asperges, en conserve
125 g (4 oz) de poitrine de poulet, cuit, en lanières

Pour la sauce :
30 ml (2 c. à soupe) de crème 15 %
30 ml (2 c. à soupe) de sauce à salade légère
2,5 ml (1/2 c. à thé) de poudre de curry
2,5 ml (1/2 c. à thé) de ciboulette hachée
Sel et poivre, au goût

Préparation

Déposez les rôties dans les assiettes. Ajoutez les feuilles de laitue, les tranches de tomates, les asperges et le poulet.

Pour la sauce :
Mélangez la crème, la sauce à salade, la poudre de curry et la ciboulette. Salez et poivrez au goût. Versez sur le poulet. Servez.

Valeur nutritive
Pour 1 personne
calories............................ 309
protéines..................... 23,7 g
hydrates de carbone . 27,1 g
matières grasses........ 12,2 g
cholestérol.................. 58 mg
sodium............................ 69 g
fibres.............................. 2 g

Bœuf aux légumes grand-mère

Ingrédients

30 ml (2 c. à soupe) de farine

15 ml (1 c. à soupe) de margarine

250 g (8 oz) de cubes de bœuf

250 ml (1 tasse) d'eau

125 ml (1/2 tasse) d'oignons, en cubes

60 ml (1/4 tasse) de céleri, biseauté

60 ml (1/4 tasse) de carottes, en rondelles

60 ml (1/4 tasse) de navet, en bâtonnets

60 ml (1/4 tasse) de poivron vert, en dés

60 ml (1/4 tasse) de haricots jaunes, biseautés

125 ml (1/2 tasse) de tomates, en dés, en conserve

250 ml (1 tasse) de bouillon de bœuf

Sel et poivre, au goût

Préparation

Dans un bol, mélangez bien la farine avec un peu d'eau. Réservez. Dans un chaudron, faites chauffer la margarine et faites-y rôtir les cubes de bœuf. Ajoutez l'eau et les oignons, et faites mijoter 30 minutes. Ajoutez le céleri, les carottes, le navet, le poivron, les haricots jaunes, les tomates et le bouillon de bœuf. Faites mijoter jusqu'à ce que les légumes soient tendres. Ajoutez le mélange de farine et d'eau. Salez et poivrez au goût. Faites épaissir légèrement. Servez.

Valeur nutritive	
Pour 1 personne	
calories	376
protéines	37,4 g
hydrates de carbone	16,8 g
matières grasses	17 g
cholestérol	86 mg
sodium	252 mg
fibres	3,3 g

Boulettes en purée de légumes

Ingrédients

Pour les boulettes :
250g (8 oz) de bœuf haché extra-maigre
125 ml (1/2 tasse) d'oignons, hachés
15 ml (1 c. à soupe) de sauce Chili
30 ml (2 c. à soupe) de chapelure
1 cube ou 5 ml (1 c. à thé) de bouillon de bœuf
2,5 ml (1/2 c. à thé) de quatre-épices
2 blancs d'œufs
Sel et poivre, au goût
30 ml (2 c. à soupe) d'huile d'olive

Pour la sauce :
125 ml (1/2 tasse) de bouillon de légumes
125 ml (1/2 tasse) de carottes, râpées
125 ml (1/2 tasse) de panais, râpé
60 ml (1/4 tasse) de céleri, en dés
125 ml (1/2 tasse) de tomates, en dés, en conserve
1 pomme de terre moyenne, en dés
1 gousse d'ail, hachée
30 ml (2 c. à soupe) de crème 15 %
2,5 ml (1/2 c. à thé) de sauce soya
Sel et poivre, au goût

Valeur nutritive	
Pour 1 personne	
calories	593
protéines	29,7 g
hydrates de carbone	35,4 g
matières grasses	37,6 g
cholestérol	88 mg
sodium	126 g
fibres	5,7 g

Préparation

Pour les boulettes :

Dans un bol, mélangez bien le bœuf haché, les oignons, la sauce Chili, la chapelure, le bouillon de bœuf, les quatre-épices et les blancs d'œufs. Salez et poivrez au goût. Façonnez de petites boulettes. Dans une poêle, faites chauffer l'huile et faites-y dorer les boulettes.

Pour la sauce :

Dans un chaudron, déposez le bouillon de légumes, les carottes, le panais, le céleri, les tomates, la pomme de terre et l'ail. Faites cuire et passez au robot culinaire. Remettez dans le chaudron pour réchauffer. Ajoutez la crème et la sauce soya, en brassant bien. Ajoutez les boulettes. Salez et poivrez au goût. Servez.

Casserole de saumon aux olives

Ingrédients

10 ml (2 c. à thé) ou 2 cubes de fumet de poisson
125 ml (1/2 tasse) d'eau
30 ml (2 c. à soupe) d'huile d'olive
125 ml (1/2 tasse) de poireaux, ciselés
60 ml (1/4 tasse) de céleri, biseauté
60 ml (1/4 tasse) de carottes, en rondelles
1 gousse d'ail
60 ml (1/4 tasse) de tomates, en dés, en conserve
1 ml (1/4 c. à thé) d'estragon séché
360 g (12 oz) de filet de saumon frais, coupé en quatre
60 ml (1/4 tasse) d'olives farcies, coupées en deux
15 ml (1 c. à soupe) de câpres
Sel et poivre, au goût
2,5 ml (1/2 c. à thé) de persil séché

Préparation

Dans un bol, faites bien dissoudre les cubes de fumet de poisson dans l'eau. Réservez. Dans une poêle, faites chauffer l'huile d'olive et faites-y revenir (sans colorer) les poireaux, le céleri et les carottes. Ajoutez le fumet de poisson, l'ail, les tomates et l'estragon. Couvrez et faites mijoter 10 minutes. Ajoutez le saumon, couvrez et faites cuire 10 minutes. Ajoutez les olives et les câpres. Salez et poivrez au goût. Faites cuire 5 minutes. Versez dans les bols et persillez. Servez.

Valeur nutritive	
Pour 1 personne	
calories	496
protéines	36,9 g
hydrates de carbone	7,7 g
matières grasses	35,8 g
cholestérol	10 g
sodium	246 g
fibres	1,7 g

PLAT PRINCIPAL

POUR **2** PERSONNES

Chevaline en cocotte

Ingrédients

30 ml (2 c. à soupe) de margarine

250 g (8 oz) de cubes de viande chevaline

125 ml (1/2 tasse) d'oignons, en cubes

375 ml (1 1/2 tasse) de bouillon de bœuf

Pour la sauce :

15 ml (1 c. à soupe) de margarine

125 ml (1/2 tasse) de poivron rouge, en lanières

125 ml (1/2 tasse) de champignons, tranchés

125 ml (1/2 tasse) de haricots jaunes, biseautés

60 ml (1/4 tasse) de céleri, en lanières

60 ml (1/4 tasse) de carottes, en dés

15 ml (1 c. à soupe) de farine

Sel et poivre, au goût

Préparation

Dans une poêle, faites chauffer la margarine et faites-y revenir les cubes de viande et les oignons. Déposez dans une cocotte. Ajoutez le bouillon de bœuf et faites mijoter 45 minutes à feu doux.

Pour la sauce :

Dans une poêle, faites chauffer la margarine et faites-y revenir le poivron, les champignons, les haricots jaunes, le céleri et les carottes. Ajoutez la farine et brassez bien. Salez et poivrez au goût. Déposez dans la cocotte et faites mijoter encore 1 heure. Servez.

Valeur nutritive
Pour 1 personne
calories.............................. 488
protéines........................ 49 g
hydrates de carbone . 21,7 g
matières grasses........ 22,1 g
cholestérol................ 150 mg
sodium........................ 404 mg
fibres.............................. 2 g

Filets de goberge citronnés, sauce tartare

Ingrédients

30 ml (2 c. à soupe) de margarine

60 ml (1/4 tasse) d'oignons, ciselés

2 filets de 125 g (4 oz) de goberge

1 citron

Sel et poivre, au goût

Pour la sauce :

125 ml (1/2 tasse) de sauce à salade légère

60 ml (1/4 tasse) de cornichons sucrés, hachés

30 ml (2 c. à soupe) de câpres

15 ml (1 c. à soupe) de jus de citron

30 ml (2 c. à soupe) d'échalote française, hachée

Sel et poivre, au goût

1 feuille de laitue, coupée en deux

Préparation

Dans une poêle, déposez la margarine, les oignons, les filets de goberge et faites cuire trois minutes de chaque côté. Pressez la moitié du citron sur les filets et faites cuire quelques minutes à feu doux. Tranchez le reste du citron et déposez les tranches sur les filets. Salez et poivrez au goût.

Pour la sauce :

Dans un bol, mélangez bien la sauce à salade, les cornichons, les câpres, le jus de citron et l'échalote. Salez et poivrez au goût. Disposez une demi-feuille de laitue dans chaque assiette, et versez-y la sauce. Déposez les filets à côté. Servez.

Valeur nutritive	
Pour 1 personne	
calories	450
protéines	9,2 g
hydrates de carbone	38,7 g
matières grasses	31,1 g
cholestérol	26 mg
sodium	185 g
fibres	1,8 g

Lapin à la moutarde d'antan

Ingrédients

30 ml (2 c. à soupe) d'huile d'olive

6 morceaux de lapin

5 ml (1 c. à thé) de moutarde à l'ancienne

2,5 ml (1/2 c. à thé) de thym séché

2,5 ml (1/2 c. à thé) de romarin séché

15 ml (1 c. à soupe) d'échalote française, hachée

Sel et poivre, au goût

Pour la sauce :

15 ml (1 c. à soupe) de margarine

125 ml (1/2 tasse) d'oignons, ciselés

125 ml (1/2 tasse) de champignons, tranchés

60 ml (1/4 tasse) de carottes, en dés

60 ml (1/4 tasse) de céleri, en dés

15 ml (1 c. à soupe) de farine

250 ml (1 tasse) de bouillon de légumes

5 ml (1 c. à thé) de moutarde douce

Préparation

Huilez les morceaux de lapin et déposez-les dans un plat allant au four. Étendez la moutarde sur les morceaux. Ajoutez le thym, le romarin et l'échalote. Salez et poivrez au goût. Faites cuire 40 minutes au four à 180 °C (350 °F).

Valeur nutritive	
Pour 1 personne	
calories	371
protéines	23,3 g
hydrates de carbone	11,4 g
matières grasses	25,5 g
cholestérol	60 mg
sodium	335 mg
fibres	1,8 g

Pour la sauce :

Dans une poêle, faites chauffer la margarine et faites-y revenir les oignons, les champignons, les carottes et le céleri. Ajoutez la farine et brassez bien. Ajoutez le bouillon de légumes et la moutarde douce. Faites mijoter 5 minutes à feu moyen. Ajoutez les morceaux de lapin et faites cuire 30 minutes au four à 180 °C (350 °F). Servez.

**PLAT
PRINCIPAL**

POUR
2
PERSONNES

Mignons de porc au poivre rose

Ingrédients

250 g (8 oz) de filet de porc, coupé en deux
30 ml (2 c. à soupe) de margarine
2 gousses d'ail
Sel et poivre, au goût

Pour la sauce :
15 ml (1 c. à soupe) de farine
60 ml (1/4 tasse) de crème 15 %
250 ml (1 tasse) de bouillon de légumes
60 ml (1/4 tasse) d'oignons, hachés
15 ml (1 c. à soupe) de sauce Chili
15 ml (1 c. à soupe) de sauce soya
5 ml (1 c. à thé) de moutarde douce
5 ml (1 c. à thé) de poivre rose
1 gousse d'ail
Sel et poivre, au goût

Préparation

Déposez le porc dans un plat allant au four. Ajoutez la margarine et l'ail. Salez et poivrez au goût.
Faites cuire 20 minutes au four à 180 °C
(350 °F).

Valeur nutritive
Pour 1 personne
calories............................ 792
protéines...................... 13,1 g
hydrates de carbone . 11,6 g
matières grasses........ 77,2 g
cholestérol.................... 10 g
sodium .... 102 g
fibres............................. 0,8 g

Pour la sauce :

Dans un bol, mélangez bien la farine et la crème. Réservez. Dans un chaudron, déposez le bouillon de légumes, les oignons, la sauce Chili, la sauce soya, la moutarde, le poivre, le mélange de farine et de crème, et portez à ébullition. Ajoutez l'ail et faites mijoter pour épaissir. Coupez le porc en tranches et ajoutez-les à la sauce. Faites mijoter quelques minutes. Salez et poivrez au goût. Servez.

Osso buco

Ingrédients

30 ml (2 c. à soupe) d'huile d'olive

2 jarrets de veau

30 ml (2 c. à soupe) d'échalote française, hachée

125 ml (1/2 tasse) de vin blanc sec

125 ml (1/2 tasse) de tomates, en dés, en conserve

1 gousse d'ail

250 ml (1 tasse) de bouillon de bœuf

125 ml (1/2 tasse) de jus d'orange

60 ml (1/4 tasse) de carottes, en rondelles

60 ml (1/4 tasse) de céleri, tranché

1 ml (1/4 c. à thé) de basilic

Sel et poivre, au goût

Préparation

Dans un chaudron, versez l'huile d'olive et faites-y cuire les jarrets de veau, 5 minutes de chaque côté. Ajoutez l'échalote et déglacez avec le vin. Ajoutez les tomates, l'ail, le bouillon de bœuf, le jus d'orange, les carottes, le céleri et le basilic. Salez et poivrez au goût. Faites mijoter environ 1 h 30, à feu doux. Vérifiez le bouillon de temps en temps, et ajoutez de l'eau s'il y a lieu. Servez.

Valeur nutritive	
Pour 1 personne	
calories	408
protéines	35,4 g
hydrates de carbone	16,4 g
matières grasses	17,8 g
cholestérol	11 g
sodium	190 mg
fibres	1,7 g

Poulet aux herbes

Ingrédients

2 cuisses de poulet

15 ml (1 c. à soupe) de margarine

2,5 ml (1/2 c. à thé) de thym séché

2,5 ml (1/2 c. à thé) de romarin séché

2,5 ml (1/2 c. à thé) d'épices barbecue

30 ml (2 c. à soupe) de margarine

60 ml (1/4 tasse) d'oignons, en cubes

125 ml (1/2 tasse) de pommes de terre, en gros cubes

60 ml (1/4 tasse) de carottes, en bâtonnets

60 ml (1/4 tasse) de navet, en bâtonnets

30 ml (2 c. à soupe) d'échalotes vertes, ciselées

125 ml (1/2 tasse) de tomates, en dés, en conserve

2,5 ml (1/2 c. à thé) de miel liquide

2,5 ml (1/2 c. à thé) de persil séché

Sel et poivre, au goût

Préparation

Dans un bol, mélangez la margarine, le thym, le romarin, les épices barbecue, et badigeonnez-en les cuisses de poulet. Faites cuire 45 minutes au four à 180 °C (350 °F).

Dans un chaudron, faites chauffer la margarine et faites-y dorer les oignons, les pommes de terre, les carottes, le navet et les échalotes. Ajoutez les tomates, le miel, le persil et les cuisses de poulet. Salez et poivrez au goût. Faites mijoter jusqu'à ce que les légumes soient tendres. Servez.

Valeur nutritive	
Pour 1 personne	
calories	487
protéines	31,5 g
hydrates de carbone	16,1 g
matières grasses	30,8 g
cholestérol	10 g
sodium	359 mg
fibres	3,1 g

Quiche brocoli et panais

Ingrédients

Pour la pâte :
250 ml (1 tasse) de farine
125 ml (1/2 tasse) de pommes de terre cuites, râpées
45 ml (3 c. à soupe) de margarine
15 ml (1 c. à soupe) d'eau
1 pincée de sel

Pour la garniture :
15 ml (1 c. à soupe) de margarine
250 ml (1 tasse) de panais, en dés
125 ml (1/2 tasse) de champignons blancs, tranchés
125 ml (1/2 tasse) de brocoli, en bouquetons
60 ml (1/4 tasse) d'oignons, hachés
125 ml (1/2 tasse) de lait Carnation, évaporé, écrémé
2 œufs
125 ml (1/2 tasse) de fromage romano pecorino, râpé
1 ml (1/4 c. à thé) de paprika
1 ml (1/4 c. à thé) d'herbes séchées
2,5 ml (1/2 c. à thé) de persil haché
Sel et poivre, au goût

Valeur nutritive	
Pour 1 personne	
calories	703
protéines	23,1 g
hydrates de carbone	77,3 g
matières grasses	33,5 g
cholestérol	213 mg
sodium	101 g
fibres	5,2 g

Préparation

Pour la pâte :

Dans un bol, mélangez bien la farine, les pommes de terre et la margarine. Ajoutez l'eau et le sel et mélangez. Réfrigérez 1 heure. Étendez la préparation dans un moule de 20 cm (8 po) (hauteur : 1 cm [1/2 po]).

Pour la garniture :

Dans une poêle, faites chauffer la margarine et faites-y revenir (sans colorer) le panais, les champignons, le brocoli et les oignons. Déposez dans le moule, sur la pâte. Dans un bol, mélangez au fouet le lait, les œufs, le fromage, le paprika, les herbes et le persil. Salez et poivrez au goût. Versez sur les légumes, dans le moule. Faites cuire 30 minutes au four à 180 °C (350 °F).

Ragoût d'agneau au curry

Ingrédients

30 ml (2 c. à soupe) d'huile d'olive

250 g (8 oz) de cubes d'agneau

30 ml (2 c. à soupe) de farine

250 ml (1 tasse) de bouillon de bœuf

125 ml (1/2 tasse) d'oignons, en cubes

125 ml (1/2 tasse) de céleri, biseauté

125 ml (1/2 tasse) de champignons, tranchés

5 ml (1 c. à thé) de poudre de curry

Sel et poivre, au goût

Préparation

Dans un chaudron, faites chauffer l'huile d'olive et faites-y rôtir les cubes d'agneau. Ajoutez la farine et brassez bien. Ajoutez le bouillon de bœuf et faites mijoter 30 minutes, à feu moyen. Ajoutez les oignons, le céleri et les champignons et faites cuire 20 minutes. Ajoutez la poudre de curry, salez et poivrez au goût. Servez.

Valeur nutritive
Pour 1 personne
calories.............................. 282
protéines...................... 17,4 g
hydrates de carbone . 11,7 g
matières grasses........ 18,8 g
cholestérol.................. 44 mg
sodium .... 147 mg
fibres............................. 1,5 g

Veau surprise

Ingrédients

2 courgettes, coupées en 2 sur la longueur

15 ml (1 c. à soupe) d'huile d'olive

125 ml (1/2 tasse) d'oignons, hachés

250 g (8 oz) de veau haché

1 gousse d'ail, hachée

Pour la sauce :

250 ml (1 tasse) de lait Carnation, évaporé, écrémé

30 ml (2 c. à soupe) de farine

125 ml (1/2 tasse) de fromage cheddar, râpé

15 ml (1 c. à soupe) de margarine

Sel et poivre, au goût

Préparation

Dans un chaudron, portez de l'eau à ébullition et faites-y cuire les courgettes 1 minute. Égouttez-les et videz leur centre à la cuillère. Déposez-les sur une plaque allant au four. Réservez. Dans une poêle, faites chauffer l'huile d'olive et faites-y revenir les oignons et l'ail. Ajoutez le veau haché et faites cuire à feu moyen en brassant régulièrement. Déglacez avec un peu d'eau et laissez mijoter quelques minutes. Déposez la préparation dans les courgettes.

Pour la sauce :

Dans un petit chaudron, mélangez le lait et la farine et portez à ébullition pour épaissir puis, à feu doux, faites cuire 5 minutes. Ajoutez le fromage et la margarine. Salez et poivrez au goût. Versez sur les courgettes. Faites cuire 20 minutes au four à 180 °C (350 °F). Servez.

Valeur nutritive
Pour 1 personne
calories 594
protéines .... 55,1 g
hydrates de carbone . 26,7 g
matières grasses .... 29,1 g
cholestérol .... 15 g
sodium .... 465 mg
fibres .... 0,7 g

Parfait à l'ananas

Ingrédients

6 tranches d'ananas, en conserve, en morceaux, égouttées

2 blancs d'œufs

30 ml (2 c. à soupe) de sucre à glacer

30 ml (2 c. à soupe) de jus d'ananas

0,5 ml (1/8 c. à thé) de vanille

60 ml (1/4 tasse) de fromage cottage 1 %

125 ml (1/2 tasse) de crème fouettée Dream Whip
   (sous pression)

Pour la sauce caramel :

125 ml (1/2 tasse) d'eau

125 ml (1/2 tasse) de cassonade

5 ml (1 c. à thé) de margarine

30 ml (2 c. à soupe) de farine

0,5 ml (1/8 c. à thé) de vanille

Préparation

Déposez les ananas dans le fond des coupes. Dans un bain-marie, mélangez les blancs d'œufs et ajoutez graduellement le sucre à glacer. Ajoutez le jus d'ananas, la vanille et le fromage. Faites chauffer jusqu'à épaississement. Laissez refroidir en brassant de temps à autre. Ajoutez la crème fouettée en l'incorporant délicatement. Déposez dans les coupes. Réfrigérez 30 minutes.

Pour la sauce caramel :

Dans un chaudron, portez à ébullition l'eau, la cassonade et la margarine. Ajoutez la farine avec un tamis et brassez bien. Lorsque la sauce est épaissie, ajoutez la vanille. Versez dans les coupes. Servez.

Valeur nutritive	
Pour 1 personne	
calories	433
protéines	7,8 g
hydrates de carbone	92 g
matières grasses	4 g
cholestérol	1 mg
sodium	220 mg
fibres	1 g

Pommes miellées
à la cannelle

Ingrédients

15 ml (1 c. à soupe) de margarine

15 ml (1 c. à soupe) de miel liquide

2 pommes moyennes, pelées, en quartiers

2 boules de crème glacée à la vanille

0,5 ml (1/8 c. à thé) de cannelle

Préparation

Dans une poêle, faites chauffer la margarine et le miel liquide.
Ajoutez les quartiers de pommes et faites-les cuire jusqu'à ce
qu'elles soient tendres. Déposez les boules de crème glacée au
centre des assiettes et disposez les quartiers de pommes tout
autour. Saupoudrez la cannelle. Servez.

Valeur nutritive
Pour 1 personne
calories.............................. 227
protéines........................ 1,2 g
hydrates de carbone . 34,6 g
matières grasses........ 10,9 g
cholestérol.................. 17 mg
sodium......................... 67 mg
fibres.............................. 2,4 g

DESSERT

DONNE **2** TARTELETTES

Tartelettes au fromage

Ingrédients

Pour la pâte :

250 ml (1 tasse) de farine

125 ml (1/2 tasse) de margarine

30 ml (2 c. à soupe) d'eau froide

1 pincée de sel

Pour la garniture :

250 ml (1 tasse) de lait Carnation, évaporé, écrémé

45 ml (3 c. à soupe) de farine

30 ml (2 c. à soupe) de sucre

125 ml (1/2 tasse) de fromage cheddar, râpé

1 ml (1/4 c. à thé) de vanille

30 ml (2 c. à soupe) de confiture de fraises

Préparation

Pour la pâte :

Dans un bol, mélangez bien la farine et la margarine. Ajoutez l'eau et le sel. Façonnez une boule de pâte et réfrigérez 1 heure. Étendez-la dans deux assiettes d'aluminium de 10 cm (4 po) et faites cuire 10 minutes au four à 180 °C (350 °F).

Dans un chaudron, déposez le lait, la farine et le sucre. Brassez bien et portez à ébullition. Retirez du feu et ajoutez le fromage et la vanille. Versez dans les assiettes d'aluminium, sur la pâte. Réfrigérez 1 heure. Démoulez, déposez dans les assiettes et garnissez de confiture. Servez.

Valeur nutritive
Pour 1 tartelette
calories.............................. 943
protéines...................... 21,1 g
hydrates de carbone . 96,6 g
matières grasses........... 53 g
cholestérol.................. 30 mg
sodium .... 89 g
fibres................................. 0 g

Table des matières

Introduction   7

Les soupes et les potages   11
>   Chaudrée de palourdes   13
>   Chaudrée hivernale   14
>   Crème d'asperges fraîches   15
>   Gaspacho aux herbes   16
>   Potage au romarin   17
>   Potage de brocoli et de chou-fleur   18
>   Potage de carottes   19
>   Potage de maïs   20
>   Soupe à l'oignon gratinée   21
>   Soupe aux champignons et à l'orge   22
>   Soupe aux haricots jaunes   23
>   Soupe bœuf et orge perlé   24

Les entrées   25
>   Aubergine et tomate gratinées   27
>   Bruchetta santé   28
>   Champignons farcis   29
>   Cœurs en vinaigrette   30
>   Courgettes sauce tomate   31
>   Fèves germées et cresson   32
>   Filo d'asperges, sauce aux herbes   33
>   Galettes de pommes de terre à la ciboulette   34
>   Mini-coquilles Saint-Jacques   35
>   Nachos du pub   36
>   Pelures de pommes de terre bourgeoises   37

Salade de fusilli au tofu   38
Salade de poires et de pacanes   39
Salade tiède aux champignons   40
Terrine de haricots mélangés   41
Tortillas au tofu   43

Les plats principaux   45

Boucles au pesto   47
Boulettes de légumes   48
Brochettes de pétoncles   50
Burritos végétariens   51
Casserole de riz tomaté   52
Chaussons d'avoine, sauce à l'oignon   53
Chop suey   55
Cigares au chou farcis de riz   56
Croustillant aux choux de Bruxelles   58
Fettucine au brocoli et au pecorino   60
Fougasse tomatée   61
Fusilli aux 2 poivrons   62
Hamburger spécial   63
Jalousie aux raisins et aux poireaux   64
Lasagne aux légumes verts   66
Lentilles tièdes aux piments doux   68
Linguini arrabiata   69
Mafaldine de courgettes   70
Méli-mélo de fruits et légumes   71
Omelette chinoise   73
Pain de légumes gourmet   74
Palourdes à la grecque   76
Papillotes de poireaux et de carottes   77
Pâté de millet   79
Pâté parmentier et épinards   80
Penne rigate sauce rosée   81
Persillade de légumes   82
Pétoncles aux agrumes   83
Pétoncles aux raisins verts   84
Pizza jardinière de riz   85
Pizza pita aux palourdes   87
Poivrons verts farcis parmentier   88
Riz sauce aux champignons   89
Roulades aux asperges   90

Semoule aux légumes verts   91
Spaghetti au tofu rôti   93
Tacos au tofu épicé   94
Tagliatelles aux pétoncles   95
Torsades délicieuses   96
Tourte aux petits légumes   97
Tourte parmentier   99

Les desserts   101

Arc-en-ciel de fruits à l'amaretto   103
Bananes filo   104
Boules de neige amandine   105
Galettes polvorones   106
Gâteau fromage et framboises   107
Muffins énergétiques   108
Nid de neige aux framboises   109
Poires et meringue amandine   110
Pouding au riz et à la noix de coco   111
Tartelettes de graham au citron   112

Recettes à faible taux de cholestérol   113

Crème de poireau et de ciboulette   115
Soupe de poisson   116
Soupe minestrone   117
Mariage d'asperges et de poulet   118
Bœuf aux légumes grand-mère   119
Boulettes en purée de légumes   120
Casserole de saumon aux olives   122
Chevaline en cocotte   123
Filets de goberge citronnés, sauce tartare   124
Lapin à la moutarde d'antan   125
Mignons de porc au poivre rose   127
Osso buco   129
Poulet aux herbes   130
Quiche brocoli et panais   131
Ragoût d'agneau au curry   133
Veau surprise   134
Parfait à l'ananas   135
Pommes miellées à la cannelle   136
Tartelettes au fromage   137